한 달에
100만 원씩 더 버는
**N잡러의
비밀**

큰글자책 1쇄 발행 2023년 11월 30일

도서명 [큰글자책] 한 달에 100만원씩 더 버는 N잡러의 비밀
지은이 : 우희경, 이보라, 유정미, 박혜린, 김민조, 박은정, 이용화, 한창희, 김은경, 김수진
펴낸이 : 류종렬
편집·디자인 : 이다경, 김가영, 신은서, 박유진, 윤가희, 정보미
펴낸곳 : 미다스북스
기획위원 : 임종익
제작처 : 미다스북스
주소 : 서울시 마포구 양화로 133 서교타워 711호
전화 : 02-322-7802
팩스 : 02-6007-1845
전자우편 : midasbooks@hanmail.net

공급 및 단매처
제작 : 부건애드
주문 : 한국출판협동조합 kbook.biz 플랫폼
전화 : 070-7119-1791, 070-7119-1789
팩스 : 02-716-6769

ISBN 979-11-6910-375-6   03320
정가 28,000원
* 본 도서는 한국출판협동조합(kbook.biz)을 통해서만 구입이 가능합니다

큰글자책

* 본 로고는 문화체육관광부/한국도서관협회의 사용 허락을 받았습니다.
* 본 도서는 〈큰글자책 유통 활성화 사업〉 일환으로 출판사, 한국출판협동조합(kbook.biz),
  제작처가 공동으로 협력해 제작합니다.

한 달에
100만 원씩 더 버는
N잡러의
비밀

우희경 이보라 유정미 박혜린 김민조
박은정 이용화 한창희 김은경 김수진

미다스북스

최근 몇 년, 코로나19의 영향으로 재택근무가 활성화되었습니다. 하지만 각국의 '엔드 코로나' 선언 후 다시 회사로 돌아가 근무하게 되었습니다. 어쩐 일인지, '엔드 코로나' 선언 후 서서히 일상 회복이 가능하면서 미국에서는 오히려 직장인의 퇴사율이 높아졌다고 합니다. 집에서도 충분히 근무가 가능하고, 개인의 역량이 있다면 직업을 만드는 것도 쉬워졌기 때문입니다. 재택근무로 다양한 직업의 가능성을 알게 된 직장인들의 N잡러 도전도 이제는 점점 트렌드가 되었습니다.

예를 들어, 스마트 스토어를 활용하면, 과거보다 손쉽게 온라인 쇼핑몰을 론칭할 수 있습니다. 유튜브를 개설해서 꾸준하게 활동한다면 유튜버라는 직업을 만들 수 있는 시대입니다. 그만큼 내가 마음만 먹으면 직업의 확장이 쉬워졌습니다.

덕분에 최근 일하는 방식이 많이 바뀐 것을 실감합니다. 주변을 둘러봐도 과거에 비해 N잡러로 살아가시는 분들이 많습니다. 낮에는 직장인으로 일하며, 밤에는 웹툰 작가로 일하고, 주말에는 유튜브를 하는 사람이 있습니다. 아이를 키우며 인스타그램 공구를 진행하는 판매자가 되고, 또 인스타그램 강의도 합니다. 이렇게 지금은 마음만 먹으면 새로운 직업을 창작할 수 있는 시대입니다.

이러한 시대의 변화는 앞으로 다가올 4차 산업 혁명 시대에 필요한 인재상에도 영향을 미치고 있습니다. 미래에는 초융합, 초연결이 가능한 사람이 인재로 떠오를 것입니다. 다시 말해, 하나의 경험을 토대로 사고를 융합하여 다른 직업을 연결할 수 있는 사람, 혹은 각각 다른 경험을 연결하여 새로운 직업으로 융합할 수 있는 사람. 이런 분들이 변화무쌍한 사회에 필요한 인재가 될 것입니다.

그런 면에서 N잡러는 변하는 시대에 따라 잘 적응하고, 도태되지 않는 인재형이 아닐까 하는 생각이 듭니다. 이 책에 나와 있는 주인공 모두 하나의 직업에서 시작했지만, 여러 경험을 융합하여 또 다른 전문성을 만들고 다양한 직업으로 탄생시켰습니다. N잡러의 시작은 작고 초라했지만, 꾸준히 자신의 분야에서 역량을 키워 일하는 영역을 넓혀 나갔습니다. 독자 여러분들도 그렇게 쉽게 N잡러로 접근했으면 합니다.

N잡러에 대한 관심은 앞으로도 계속될 것으로 보입니다. 시대에 맞는 인재로 전환이라는 의미에서도 중요하지만, 현실적인 이유도 무시할 수 없기 때문입니다. 최근 몇 년 사이 아파트값은 평균 10억대로 치솟았고, 물가 역시 계속 오르고 있습니다. 반면, 대출 이자까지 올라 가계지출은 오히려 더 많아졌습니다. 월급 오르는 속도가 물가 오르는 속도를 못 따라갑니다. 과거처럼 한 사람이 벌어 4인 가족을 부양하는 일 자체가 버거워졌습니다. 하나의 직업으로 팍팍한 가정경제를 책임지기에는 어깨가 무겁습니다.

이러한 시대의 변화와 갑갑한 현실 속에서 N잡러는 하나의 대안이 될 수 있습니다. 이 책은 조금 현실적인 측면에서 N잡러로 성장하고, 일하는 방식을 다루었습니다. 온라인에서 떠도는 한 달에 천만 원 벌기, 온라인에 빌딩 세우기 등 말에 현혹되지 말자는 마음을 담았습니다.

생계를 위해 시작한 일을 더 확장해 추가 직업과 수입원을 만든 사람부터, 자아실현을 위해 도전한 일이었지만, 다양한 직업을 만들며 일의 범위를 넓힌 분까지. 각자 다른 이유로 N잡러에 도전한 사람들을 한자리에 모았습니다.

성공의 공식은 다양하여 하나로 규정지을 수는 없습니다. 그러기에 독자 여러분에게 여러 사람의 사례를 들려주고 싶었습니다. 각자 다른 상황 속에서 스스로 직업을 만들어 간 N잡러들의 이야기로 동기부여를 받았으면 좋겠습니다. 그 속에서 '나도 할 수 있다'는 자신감을 얻었다면 더 바랄 나위가 없습니다.

또한, 이 책은 본업 외 백만 원이라도 더 벌고 싶은데 주저하는 분들에게 생각에만 머무르지 말고 N잡러에 도전하라는 메시지를 강조했습니다. 그런 뜻이 잘 전달되었으면 합니다. 책의 마지막 장을 읽고 N잡을 할지 말지 결정하는 데 도움이 된다면, 이 책이 세상에 나온 가치는 충분합니다. N잡러로의 삶과 도전! 이제부터 시작합니다.

2023.6.11 우희경

첫 번째 흥미를 전문성으로 바꾼 N잡러(우희경)

두 번째 한 가지 능력을 확장한 N잡러(이보라)

우희경

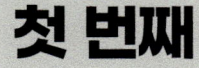

첫 번째

흥미를
전문성으로 바꾼
N잡러

(우희경)

1

고민보다 '일단 질러' 정신으로

'주저주저하다 보니, 내 인생 다 갔네.'

삼십 대 중반에서 후반으로 가는 길목에서 저는 하나의 각성을 하게 됩니다. 분명 숨 가쁘게 앞만 보고 살아왔는데, 이룬 것이 하나도 없는 저를 발견했습니다. 열심히 살았습니다. 회사 생활도 그랬고, 회사 밖 생활도 다양한 동호회 활동이나 자기 계발을 하며 살았으니까요. 그런데 왜 이룬 것이 하나도 없다는 생각이 들었을까요? 현실에 맞춰 주어진 일을 하나씩 해결하면서 살았지, 진정 제가 하고 싶은 일은 못 하고 살았다는 느낌 때문이었습니다.

10년 전, 저는 현실을 뿌리치고 살기에는 용기가 부족했습니다. 하고 싶은 일에는 항상 주저하다 저에게 오는 기회를 놓쳤습니다. 그러한 각성을 하고 난 후, '일단 질러' 정신이 생겼습니다. 하고 싶은 일이 있으면 현실에 맞춰 안 되는 핑계를 찾는 것이 아니라, 되는 상황을 만들었습니다.

나를 위해 용기를 내는 일은 한 번이 어렵지 두 번, 세 번은 쉬워집니다. 세상일이라는 것이 해 보지 않고는 절대 그 세계에 대해 알 수가 없습니다. 그런데 많은 분이 머릿속으로 계산하고 고민만 하느라 시간을 낭비합니다.

하고 싶은 일 앞에서 주저하던 제가 지금은 슈퍼 N잡러가 되어, 마음껏 저의 재능을 실현하며 살아가고 있습니다. 최근 몇 년간의 노력으로 저의 삶은 달라졌습니다. 평범한 직장인에서 작가, 강연가, 글쓰기 코치, 출판기획자, 책 쓰기 코치, 퍼스널브랜드 코치가 되었습니다. 주어진 저의 역할을 다하며 하루하루가 감사함으로 가득한 삶을 살아가고 있습니다. 이렇게 크게 변화된 삶을 살게 된 데에는 마인드의 변화가 가장 컸습니다. 앞서 언급했지만, 서른 후반으로 가는 길목에서 이렇게 살면 안 되겠다는 각성이 왔고, 마음의 소리에 따라 인생의 여정을 다시 시작했습니다.

새롭게 자신의 삶을 재정비하고자 하는 마음이 들 때가 있다면, 그다음 여정을 시작하기 전에 몇 가지 마인드 세팅을 해야 합니다. 그래야 출발이 어렵지 않습니다. N잡러를 시작하는 사람들을 위해 필요한 마인드 셋을 몇 가지만 정리해 보겠습니다.

N잡을 시작하는 사람을 들을 위한 마인드 셋

첫째, 비움 마인드

현재 하는 일이 확장되어 자연스럽게 N잡러가 된다면 가장 수월하게 가는 길입니다. 만약, N잡러가 되기 위해 새로운 길을 개척해야 하거나 삶의 재정비를 하고 가야 한다면 일단 모든 것을 비워야 합니다. 비우기는 생각보다 어렵습니다. 다른 일을 확장하거나, 새로운 일을 만들려고 할 때 꼭 찾아오는 감정이 있습니다. 보통은 고민, 걱정, 불안, 욕심 같은 부정적인 마음입니다. 이는 누구에게나 찾아오는 감정입니다. 한 나라의 대통령이라고 할지라도 새로운 제도를 도입하거나 프로젝트를 추진할 때 이런 마음이 들리라 생각합니다. 그럴 때, 이런 마음을 내려놓는 '비움 마인드'가 필요합니다.

부정적인 감정을 비워놓고 생각을 정리해야 합니다. 앞으로 가고자 하는 마음을 가로막는 것보다 생산적인 미래를 생각합니다. 어떤 길을 갈 것인가? 혹은 지금 일에서 어떻게 확장할 것인가? 아니면, 어떻게 새로운 길을 개척할 것인가? 이러한 미래지향적인 생각에 집중하는 것이 훨씬 N잡러의 길로 들어서기에 쉽습니다.

둘째, 성장 마인드

계속해서 나를 성장시키고 앞으로 나아가게 하는 힘은 '성장 마인드'에서 비롯됩니다. 성장 마인드는 지금 있는 자리에 머물게 하는 고정 마인드가 아닙니다. 오늘의 내 모습보다는 더욱 성장한 자아를 찾아가는 마음이라고 할 수 있습니다.

N잡러는 혼자 다양한 일을 처리해야 하므로 성장 마인드 없이는 도태될 수밖에 없습니다. 항상 새로운 지식이나 기술이 있으면 배우고 습득하여 성장하고자 하는 태도가 필요합니다.

셋째, 멀티 포지셔닝 마인드

N잡은 보통 1인 기업 형태로 시작합니다. 혼자 기획하고, 제작하고, 홍보하고 판매까지 합니다. 비서 없이 모든 스케줄을 관리하며 고객 응대까지 해야 할 때도 있습니다. 따라서 멀티 포지셔닝에 익숙해져야 합니다.

직장인은 자신이 맡은 일만 처리해도 문제가 되지 않습니다. 회사에 있으면서 홍보 마케팅은 홍보팀, 세일즈는 영업팀 이렇게 업무 분담이 되어 있습니다. 그러나 N잡의 세계는 회사에서 하는 모든 일을 처리할 수 있는 기본 지식이 필요합니다. 이때 필요한 것이 힘들다고 포기하지 않는 마인드입니다. 그러려면 회사에서 하는 모든 업무 지식이 중급 이상은 되어야 일을 처리할 수 있습니다. 이때 필요한 것이 멀티 포지셔닝 마인드입니다.

'일단 질러' 정신은 앞으로 나아가는 힘

이러한 마음가짐에 앞서 뭐라도 하려면 생각한 바를 실행에 옮기는 '일단 질러' 정신이 가장 중요합니다. N잡러는 고민하시는 많은 분이 원하는 삶에 다가가지 못하는 이유는 실행하지 않았기 때문입니다. 실행해야 성공이든 실패를 경험하면서 또 앞으로 나아가는데, 가만히 앉아서 '다음에', '내년에', '언젠가'로 미룹니다.

그러나 N잡러의 세계에 완벽한 준비는 없습니다. 타고난 프로는 없다는 말입니다. 프로의 경지까지 가기 위해 얼마나 많은 발길질을 하고, 실패를 경험했을까요? 그런데도 다시 실행하고 또다시 시도하면서 자신만의 길을 만들고 확장해 나갔습니다.

제가 N잡러로서 성장하게 된 첫 번째 키(KEY)도 '일단 질러' 정신이었습니다. 책을 써야지 마음을 먹고, 썼기 때문에 작가로서 활동하게 되었습니다. 책을 쓰고 강연해야지 마음을 먹고 나서는 일단 강연의 기회를 주는 곳에 문을 두드렸습니다. 그랬더니 강연가가 되었습니다. 그 이후에도 마찬가지입니다. '이런 일을 해야겠다.'라고 생각한 후 하나씩 실행했습니다. 배우면서 실력을 쌓고, 실행하면서 실전 경험을 쌓았더니 어느덧 프로 N잡러가 되어 있었습니다.

실행이 모든 결과물의 전부입니다. 생각보다 실행 단계에서 하지 않는 사람들이 많습니다. 실행하지 않고서는 나의 것이 되어 돌아오지 않는 것은 순리입니다. 농부도 씨앗을 뿌리는 것부터 시작하여 가을에 곡식을 거두니까요. 씨앗을 뿌리는 행동이 바탕이 되었습니다. N잡러의 시작이 어렵지 않으려면 '일단 질러' 정신이 있어야 한다는 점을 잊으시면 안 됩니다.

2

좋아하는 일이 잘하는 일이
되기 위해

만족스러운 직업이 가능할까?

세상에 많은 직업군 중 가장 만족도가 높은 직업은 무엇일까요? 의사나 변호사 같은 사회적 지위가 있는 직업이라고 생각하지만, 사실은 그렇지 않습니다. 오히려 가수나 연기자, 화가처럼 자신의 재능을 발휘하며 사는 사람이 만족도가 더 높다고 합니다. 즉, 자신이 하고 싶은 일을 하는 사람이 금전적 보상 외에도 커리어 성취감을 느낀다는 말입니다.

좋아하는 일을 직업으로 가지면 얼마나 행복할까요? 누구나 꿈꾸는 일이지만, 아무나 그렇게 살지는 못합니다. 또한, 아무리 좋아하는 일을 하게 된다고 할지라도 그것이 나에게 금전적인 보상을 해 주지 않는다면 일을 지속할 수 있는 동기는 생기지 않습니다.

그렇다면 어떻게 해야 할까요? 단순하게 생각한다면, 좋아하는 일을 잘하는 일로 만들면 됩니다. 내가 좋아하는 일을 잘하는 일로 만들면 그에 따른 금전적 보상은 자연스럽게 이루어질 수밖에 없으니까요.

좋아하는 일을 꾸준하게 해 볼 것

저의 N잡러 시작은 '좋아하는 일'을 꾸준하게 하는 것이었습니다. 오래된 취미가 삶이 되었고, 시간이 쌓이면서 실력이 되었습니다. 실력을 세상과 공유했더니, 어느새 하나의 직업이 되었습니다. 하나의 직업은 또 다른 직업으로 이어졌고, 그 직업이 또 다른 직업을 불러왔습니다.

저에게는 어린 시절부터 쌓아온 취미가 있었습니다. 독서입니다. 영상의 시대인 지금, 독서라는 말 자체가 고루하게 들리는 듯합니다. 그러나 삶의 유희에서 시작된 독서가 시간이 흐르면서 생활이 되었습니다. 어른이 되고 난 후에도 책 읽기를 멈추지 않았습니다. 그 분야도 다양하여 소설, 시 같은 문학에서 시작하여 에세이, 자기 계발, 육아, 경영 · 경제 분야까지 편식하지 않고 읽었습니다. 독서의 인풋이 쌓이자, 글을 쓰기 시작했습니다. 그 후에는 책을 쓰면서 작가의 길로 접어들었습니다. 지금도 읽고 쓰는 일을 게을리하지 않고 있으니, 저의 첫 번째 직업이자 삶의 일부가 되었습니다.

그 후에 글을 쓰기 시작하면서 자연스럽게 강연가의 길을 걸었습니다. 책 출간 후 도서관, 대학, 기업에서 의뢰받은 강연을 하며 강연가라는 직업이 생겼습니다. 매달 진행하는 것은 아니지만, 의뢰가 들어오는 곳이 있으면 어느 곳이라도 가서 강연합니다. 강연은 하나의 활력소이자, 살아가는 기쁨을 주는 저의 또 다른 일입니다.

좋아하는 일은 멈추지 않고 계속했습니다. 그냥 하는 것이 아니라, 잘하는 방법을 연구하면서 했습니다. 글을 쓰는 일은 글쓰기를 지도하는 일로, 글쓰기를 가르치는 일은 책 쓰기 코칭 일로, 책을 쓰고 난 후 개인 브랜딩을 원하는 사람들을 도와주는 퍼스널브랜딩 전문가로. 점점 일의 범위가 확장되었습니다.

노력, 시간, 실력의 합이 새로운 직업을 만드는 길

좋아하는 일을 잘하는 일로 만들어 경력으로 쌓아가기 위해서 꼭 필요한 것이 세 가지가 있습니다. 노력과 시간 그리고 실력입니다. 하나의 일을 하더라도 취미로만 끝나 버리는 사람이 있습니다. 재미 정도의 기쁨으로만 남기는 것입니다. 내가 좋아하는 일이 취미로만 끝나 버린다면 그 이상이 될 수 없습니다. 좋아하는 일이 커리어가 되기 위해서는 노력과 시간 투자가 선행되어야 합니다.

그러니까 일주일에 한 번 좋아하는 일을 하는 것이 아니라, 매일 꾸준하게 일정 시간을 투자하는 겁니다. 실력이 투자한 시간에 비례하는 것은 아니지만, 시간을 투입하지 않으면 실력이 늘지 않는 것도 사실입니다.

무조건 시간만 투자해서도 안 됩니다. 일정 시간을 떼어 나의 일에 시간을 투입했다면 그다음에는 '노력'이 필요합니다. 여기 말하는 노력은 평균 이상의 노력입니다. 명문대 간 친구들은 다른 친구들에 비해 많은 시간을 투자하여 평균이상 노력을 한 친구들입니다. 좋아하는 일이 커리어의 성과가 되기 위해서는 남들보다 노력의 밀도가 높아야 합니다. 남과 비슷한 노력을 한다면 남과 다른 성과를 만들어 낼 수 없습니다. 이때 나의 노력의 결과는 어떻게 알 수 있을까요? 실력의 향상으로 알 수 있습니다.

일정 기간, 큰 노력을 기울인다면 실력은 늘어납니다. 여기서 실력이란, 나의 노력에 대비한 능력치의 증가라고 말할 수 있습니다. 나의 실력이 스스로 만족할 만한 것이 되어서는 안 됩니다. 자기만족형 실력은 그 이상 커리어로 발전할 수 없습니다.

자신능력을 세상과 공유하여 검증하기

스스로 판단하기에 자신의 실력이 세상과 거래가 될 수 있다는 확신이 들면, 그때부터는 세상과 공유하면서 자기 능력을 검증할 만한 절차를 밟아야 합니다. 능력 검증이란, 타인이 성장하도록 실제로 도움을 준다든지, 거래가 될 만한 가치를 주는 일입니다.

예를 들어, 외부 업무 제안이 들어왔다고 해 보겠습니다. 외부 업무 제안은 보통 유료로 들어옵니다. 제안하는 쪽에서 어느 정도 실력 검증을 끝내고 하는 경우가 많습니다. 그런 경우, 내가 받은 금액 이상의 만족도를 줄 수 있어야 합니다. 그래야 그것이 또 다른 일거리를 부르게 됩니다. 보통 N잡러는 이렇게 시작이 됩니다.

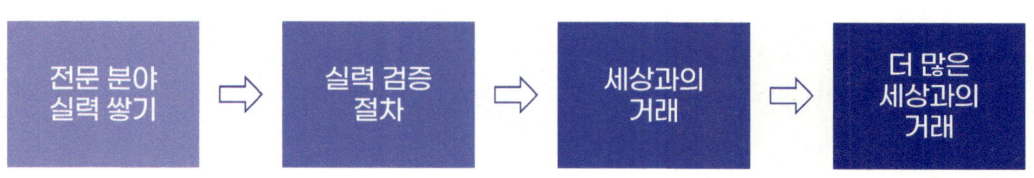

처음의 시작이 작아도 괜찮습니다. '한번 해 볼까?' 하는 가벼운 마음에서든, '취미부터 시작해 볼까?'라고 큰 의미 부여 없이 출발을 먼저 해 봅니다. 꼭 이것을 직업이나 돈으로 연결하겠다는 욕심보다 오히려 관심 있는 거 해 볼까? 라는 마음이 좋습니다. 그 후에 내가 도전한 일이 잘 맞는다면 그때부터 전문성 단계로 진입해도 늦지 않습니다. 만약 전문적인 직업인으로서의 도전도 괜찮겠다는 생각이 들면, 그 후에는 나의 시간, 노력을 투자하면 됩니다.

내가 하든지, 안 하든지 시간은 우리를 기다려 주지 않습니다. 결국 시간은 하는 사람의 편입니다. 이처럼 N잡러도 처음부터 여러 가지 일을 해야 한다는 접근보다는 한 가지 일이라도 제대로 해보자는 마음이 더 필요합니다.

고 김대중 전 대통령은 "한 가지 전문가는 열 가지 전문가다."라는 말을 남겼습니다. 대통령은 한 국가의 수장으로서 정치, 경제, 외교, 문화, 체육, 가정 분야 등 다양한 분야를 알고 통솔해야 합니다. 그의 명언처럼, 하나의 전문 분야를 통달하면 또 다른 분야로 연결하기는 쉬워집니다. N잡러도 이와 비슷합니다. 하나의 분야의 이해가 충분히 있다면 그것을 연결하여 또 다른 분야로 습득은 더 쉬워집니다.

N잡러의 출발이 어렵지 않았으면 좋겠습니다. 무엇부터 해야 할지 모르겠다면, 좋아하는 일 한 가지부터 잘해 보자를 마음을 갖고 시작해 보세요. 하나의 문을 열어야 또 다른 문이 보입니다. 그 문을 열기까지 다른 문은 절대 보이지 않습니다. N잡러로 가는 두 번째 키(KEY)는 첫 번째 문을 열어 보는 것입니다. 그 사실을 잊지 않았으면 좋겠습니다.

3

프로의 세계에
진입한다는 것

전문가 영역에 들어가는 시간은?

한 사람이 '전문가' 영역에 들어가는 데 걸리는 시간은 얼마나 걸릴까요? 보통 퍼스널브랜딩(Personal Branding) 분야에서는 7년이 걸립니다. 여기서 퍼스널브랜딩이란 사전적 정의로 자신을 브랜드화하여 특정 분야에 대해서 먼저 자신을 떠올릴 수 있도록 만드는 과정을 말합니다. 리더의 정체성을 확립하고, 나아가고자 하는 방향으로 리더의 이미지를 구축하고 관리하는 전략으로 쓰입니다.

N잡러가 여러 가지 일을 하고 있다고 퍼스널브랜딩이 필요하지 않은

것은 아닙니다. N잡러의 시작이 보통 1인 기업 형태이기에 오히려 더 중요합니다. 보통 N잡러는 하나의 전문성을 바탕으로 확장형 직업이 파생되는 유형이 있습니다. 다른 하나는 본캐가 있지만 따로 부캐를 만들어서 N잡으로 확장하는 유형이 있습니다. 어떤 형태로 N잡을 시작했다고 하더라도, 결국 각각의 분야에 전문성이 있어야만 직업화할 수 있다는 점은 공통으로 발견됩니다. 즉, 각 분야의 전문성을 확보해야 그것으로 수익화가 가능하다는 말입니다. 전문성을 확보한 분야가 많아질수록 한 달에 추가로 들어오는 수입도 증가합니다.

하나의 전문성을 정해 파생적으로 넓혀가기

저의 N잡러는 하나의 전문성을 바탕으로 파생적으로 넓혀간 경우입니다. 작가/강연가/글쓰기 강사/출판기획자/책 쓰기 코치/퍼스널브랜드코치 등 직업을 말하는 슬러시가 늘어난 이유는 모두 연관성이 있습니다. 책을 좋아하다 보니 글을 쓰게 되었습니다. 글을 쓰다 보니 책을 쓰게 되었고, 강연까지 하게 되었습니다. 타인의 콘텐츠를 통찰할 수 있게 시작하면서 출판 기획 일을 하게 되었고, 이어서 기획하고도 책을 못 쓰시는 분들을 가르치며 책 쓰기 코치가 되었습니다. 책을 쓰고 퍼스널브랜드로 성장하고 싶은 분들을 돕다 보니 퍼스널브랜드 코치로도 활동하고 있습니다. 모든 영역에서 전문성을 갖추고, 일정 수준 이상의 성과를 보이기 시작하면서 준 프로를 거쳐 몇 년이 흐른 뒤, 지금은 프로의 단계로 성장했습니다. 이렇게 단계적 성장을 할 수 있었던 이유는 지속적인 인풋과 전문성을 증명하는 퍼스널브랜딩 작업을 해 왔기 때문입니다.

한 사람이 하나의 분야를 통달하여 아웃풋이 되기까지 인고의 시간을 거치게 됩니다. 보통 3년 인풋, 3년 성장, 3년 증명단계를 거쳐 그 이후 는 지속적인 성장과 일의 성과 증명을 반복하며 구축단계인 프로 단계 에 들어가게 됩니다. 물론 이 시간은 개인의 역량이나 상황에 따라 차이 가 있을 수 있습니다. 더 짧아질 수도 있고, 반대로 더 길어질 수도 있습 니다. 분명한 것은 대부분 전문성을 확보하고 아웃풋이 되기까지 시간이 걸린다는 점입니다.

N잡러로서 하나씩 자신만의 재능이나 전문성으로 세상에 공유하면서 수익화가 되기까지 또 여러 시행착오를 겪습니다. 단번에 되는 경우도 있지만 대부분은 인고의 시간과 실패를 극복하며 수정과 보안을 통해 자 신의 직업을 만들어 갑니다. 이렇게 세상에 아웃풋으로 직업화되기 위해 노력하는 시간은 돈도 안 되고, 고생만 하는 시기도 있습니다. 보통 이때 좌절과 포기를 합니다. 그러나 이 시기는 반드시 거쳐야 하는 시기임으 로 현명하게 극복하는 것이 중요합니다.

프로의 세계는 일의 성과를 증명하는 곳

프로 세계로의 진입은 어떻게 보면 냉정합니다. 나의 전문성이 시장에 발현되어, 그 실력을 증명해야 하기 때문입니다. 아무리 스스로 평가할 때 실력이 출중하다고 생각할지라도 시장과 거래가 되지 않는다면 나의 실력에 가치를 부여받을 수 없습니다. 내가 만약 어떤 분야에 프로로서 일을 해야 할지 모르겠다면, 그 분야를 먼저 정해야 합니다. 이 단계에서 본업과는 다른 분야로 진출을 할 수 있고, 본업과 연관성이 있는 분야가 될 수 있습니다. 하지만, 직업의 확장을 위해서는 다른 분야에 도전해야 합니다.

내가 일하는 분야 외에 다른 직종이나 분야에 도전한 다음에는 '몰입'을 통해 취미 이상의 실력을 쌓을 때까지 배워야 합니다. 실력을 쌓았다면 하나씩 세상에 적용해 보면서 직업을 만들어 갈 필요가 있습니다.

프로가 되기 위해 노력하는 사람과 그냥 취미로 배워보자는 사람은 일을 대하는 태도가 다릅니다. 취미로 시작한 일을 열심히 할 일 필요도 없고, 직업으로 바꾸려는 노력도 하지 않습니다. 그러나 처음부터 프로가 되기 위해 배우는 사람은 그렇지 못하는 사람보다 훨씬 지식이나 정보의 습득이 빠릅니다. 그 누구보다 집중하여 배우기 때문에 더 많은 것을 자신의 지식으로 바꿀 수 있습니다.

따라서 배움으로 N잡러로서 성장하고 싶다면, 이번이 마지막 기회라는 마음가짐으로 처절하게 배우고, 익혀야 합니다. 그 속에서 실력이 늡니다. 설령 배움 과정에서 자기 적성에 맞지 않더라도 다른 것을 선택할 수 있는 눈을 키우게 됩니다. 자신의 다른 방향으로 재능이 있다는 것을 발견할 수도 있습니다. 그렇기 때문에 프로의 세계에 진입하는 것이 부담스럽다면 뭐든 배우면서 배움 근육을 키워보는 게 좋습니다. 왜냐하면 프로의 세계는 아래와 같이 성장하기 때문입니다.

배움	⇨	자기화	⇨	실력 향상	⇨	상품 가치 부여	⇨	상품 가치 상승

예를 들어, 저의 지인은 퇴사 후 다시 그림 공부를 시작했습니다. 어릴 적 재능을 살리지 못했던 것이 아쉬워 다시 미술을 전공으로 삼았습니다. 대학교에 다시 입학하여 4년간 미술을 공부했습니다. 대학에 다니는 동안 매일 그림을 그리며 자기화하는 과정을 거쳤습니다. 그 후에는 작은 미술교습소를 창업했습니다. 초등학교 아이들에게 그림이나 스케치를 가르치면서 배움을 세상에 적용했습니다. 고등학생 입시반과는 달리, 초등학생이었기 때문에 취미로 시작하는 아이들이 많았습니다.

초등학생을 가르치며 자신은 시간을 내어 그림을 그리기 시작했습니다. 시간이 쌓이면서 자신의 그림 실력도 향상되었습니다. 초등학생을 가르치는 교수법도 늘었습니다. 그다음에는 중학생, 고등학생을 가르치기 시작했습니다. 고등학생까지 잘 가르쳐 실력을 인정받자, 외부 강의를 나가게 되었습니다. 외부 강의에서도 인정받은 지인은 초등학교 미술 사생대회 심사위원까지 영역을 확장했습니다.

지금은 교습소 원장/외부 미술 강사/화가/심사위원 등 다양한 직업을 아우르며 일하는 프로입니다. 명실공히 프로페셔널 화가와 미술 강사로서 일을 하고 있지만, 그런 그녀도 처음의 시작은 미술대학교 학부생이었습니다. 이렇게 자신의 직업을 확장하여 프로의 세계에서 일을 하게 되기까지 지루한 과정을 거쳤습니다.

누구나 N잡러 프로의 세계에 진입하기까지 고된 훈련의 과정을 거칩니다. 다들 쉽게 이룬 것처럼 보이지만 눈에 보이지 않았던 시간 속에서 열심히 공부하고, 애썼던 시간이 있었습니다. 요즘은 온라인 플랫폼의 발달로 N잡러로서 직업의 확장이 더 수월해졌습니다. 자신을 PR할 창구가 많아졌기 때문입니다. 이런 시대에 N잡러는 선택이 아니라 필수가 될 것입니다. 프로의 세계에 진입하기 위해 오늘부터라도 시작해 보시길 바랍니다.

4

깨어 있는 생명체로
살아가는 태도

살아 숨 쉬는 느낌을 받아 보신 적 있으신가요? 많은 직장인이 아침에 일어나 마지못해 일터에 나갑니다. 천근만근 피로에 쌓인 몸을 이끌고 지옥철을 타고 왕복 2시간가량 출퇴근 시간을 할애합니다. 직장에서 정해진 8시간 근무를 채우고 주말을 기다리는 낙으로 일주일을 보냅니다. 분명 열심히 사는데, 삶은 나아질 기미가 보이지 않습니다. 설상가상으로 아파트 가격은 이미 10억대로 높은 장벽이 되어 버렸습니다. 아직 노후 준비까지는 생각하지 못했는데 말이죠. 아이도 키워야 하고, 그들의 교육비까지 생각하면 앞이 캄캄합니다.

이 이야기가 남의 이야기가 같지 않았다면, N잡러의 삶을 심각하게 고려해야 합니다. 제가 이런 이야기를 드릴 수 있는 이유는 저 역시 N잡러가 되기 전에 위와 같은 삶을 살았기 때문입니다. 물론 지금은 거의 10년 전의 이야기가 되어 버렸지만요. 아직도 많은 사람이 10년 전이나 지금이나 똑같은 삶을 삽니다. 달라진 것이 있다면 집값만 거의 2~3배 이상 뛰었다는 사실이지요. 앞으로 인플레이션은 피할 수 없고, 부동산 가격은 주춤하다가도 우상향합니다. 한 번 올라간 물가가 떨어지는 일은 없습니다.

변화하는 시대를 살아가는 가장 현명한 방법-N잡러

우리는 지금 고금리, 고물가, 고환율인 3고 시대를 살고 있습니다. 금리, 물가, 환율 이 세 가지는 항상 경제의 흐름을 이끌어 왔습니다. 우리나라 역시 선진화가 될수록 고물가를 피할 수는 없을 겁니다. 엎친 데 덮친 격으로 IT는 발전에 발전을 거듭하고 있습니다. 1년 전, 메타버스의 등장으로 세상이 떠들썩했습니다. 그 후에는 챗GPT가 등장하여 인간의 일자리를 위협하고 있습니다. 일각에서는 의사나 변호사처럼 전문 라이센스가 필요한 직업군조차 챗GPT가 발달하면, 위협을 받을 것이라고 예견하고 있습니다. 이런 상황에서 개인이 준비해야 하는 것은 '생존 능력'입니다.

시대의 변화가 빠르다는 의미는 직업의 생존 기간도 점점 짧아진다는 것을 의미합니다. 그러면 생존 능력을 잃어버린 직업을 버리고도 살아남을 수 있는 다른 직업을 가져야 합니다. 그 직업으로 생존하면서 또 다른 직업을 준비해야 합니다. 게다가 120세를 살아야 하는 지금의 3040 세대들은 죽을 때까지 직업이 여러 개로 살아가야 할 것으로 보입니다.

N잡러는 이러한 시대적 상황이나 변화에 가장 빠르게 대처할 수 있습니다. 내가 가진 A 직업의 수명이 다하기 전에, B 직업으로 생존력을 갖추고 있어야 합니다. B 직업으로서 경쟁력이 있다면 C 직업, D 직업으로 확장해야 합니다. 즉, N잡러는 변화하는 시대에 가장 빠르게 대처하고 생존할 수 있는 가장 현명한 방법이라고 할 수 있습니다.

대처와 생존을 하기 위해서는 유연하게 받아들이는 '수용력'이 필요합니다. 이미 4차 산업 혁명 시대는 피할 수 없습니다. 모든 것이 자동화와 인공지능화로 변한다면 개인도 그것에 맞게 전략을 세우고 변화하는 세계를 받아들여야 합니다. 수용한다는 것은 의심하지 않고, 가슴 깊이 배운다는 의미라고 할 수 있습니다. 새로운 지식이나 정보를 가슴 깊이 받아들이기 위해서는 깨어 있어야 합니다.

그런 면에서 N잡러는 깨어 있는 하나의 생명체와 같습니다. 깨어 있지 않은 생명체는 죽음을 맞이할 수밖에 없습니다. 자생력을 잃어버리거나, 강자에게 잡혀서 죽기 때문입니다. N잡러 역시 자신이 스스로 독립하여 살아가고자 하는 자생력이 없다면 경쟁력이 떨어집니다. 내가 시장에서 강점을 충분히 발휘하지 못한다면, 나보다 강한 강자에게 선택권을 빼앗

기게 됩니다. 잔인하지만 냉정한 현실이기도 합니다.

삶을 단순화하여 일거리를 늘려가기

저는 1인 기업의 대표이자 혼자 여러 가지 일을 처리하는 N잡러입니다. N잡러를 시작하고 1년~2년 차가 가장 힘들었습니다. '글쓰기'라는 전문성 하나로 작가, 강연가라는 직업으로 늘려가면서 출판기획, 책 쓰기 코치, 퍼스널브랜드코치까지 연속적으로 하나씩 직업을 늘려가며 일의 성과를 보여야 했습니다. 한정된 시간에 많은 일을 처리하고, 처리뿐만 아니라 능력을 증명해야 했기 때문이었습니다. 거의 3년간은 평일, 주말 없이 일했고 업무 강도 또한 직장인의 10배에 해당하는 몫도 감당해야 했습니다.

이렇게 하기 위해 삶을 두 가지로 단순화했습니다. 가정과 일입니다. 일을 하는 이유는 개인의 행복과 가정의 미래를 위한 것입니다. 가정을 돌보지 않고 일이 잘될 수 없습니다. 그 때문에 가정을 돌보는 일을 소홀히 하지 않았습니다. 그랬더니 가족들의 도움을 받고 일에 매진할 수 있었습니다.

그 외의 시간은 모두 줄이거나 없앴습니다. 친구 만나서 수다 떠는 시간 없애기, 일 외에 선택해야 하는 일 고민하는 시간 줄이기. 전문가와 컨설팅을 통해 결정하는 시간 줄이기 등을 실천했습니다. 이렇게 함으로

써 최대한 시간을 줄여 효율적으로 일 할 방법을 연구했습니다. 그랬더니 일의 효율성도 늘어나고 시간이 지나면서 전문성은 더욱 강화되었습니다. 덕분에 일하는 시간이 줄었습니다.

N잡러 초반에는 주말 없이 일을 했다면 지금은 하루에 일을 하는 시간이 약 4~6시간 전후 정도입니다. 그것도 매일 일하는 것이 아니라, 주 4~5회는 집중적으로 일을 함으로써 효율은 늘리고, 일하는 시간을 줄였습니다. 결론적으로 가정 돌보기와 일의 양립이 가능해졌습니다.

N잡러 진입단계를 잘 버텨야 지속 가능하다

여기서 기억해야 할 것은 N잡러의 초반은 그 누구보다 힘이 든다는 겁니다. 시간과 에너지, 필요하다면 자본의 투입도 많이 합니다. 하나의 일을 하면서 다른 일을 준비해야 하므로 다른 사람의 2배의 시간과 에너지를 써야 하기 때문입니다. 그뿐만 아니라 새로운 일을 준비하기 위해 투자금이 들어가기도 합니다.

이 단계는 투입만 하는 상황이 벌어지기 때문에 지쳐서 포기하기도 쉽습니다. 그러나 현명하게 투입단계를 지나면 시간이나 에너지를 덜 들이고 또 다른 일로의 확장이 쉬워집니다. 원래 처음 하는 일이 가장 어렵잖아요.

하나의 직업에서 다른 직업으로 확장할 때, 진입단계가 가장 힘들면서 돈은 되지 않습니다. 하지만 누구나 이 시간을 거칩니다. 투입(노력, 시간, 자본) 없이 아웃풋이 될 수 없기 때문입니다. 아웃풋은 충분한 인풋이 있을 때만이 가능합니다. 하물며 이런 아웃풋이 나의 직업으로서 가치를 발휘하여 시장과의 거래가 가능한 정도까지 가려면 어떻게 해야 할까요? 취미로 하는 사람보다 더 긴 시간, 더 큰 노력, 더 많은 자본이 들 수밖에 없습니다.

그런데도 N잡러를 준비해야 하는 이유는 앞서 말씀드렸지만, 세상이 변하고 있기 때문입니다. 이미 우리 부모 세대와는 다른 시대를 살고 있습니다. N잡러로 살아본 적 없는 부모 세대에게 N잡러로 살아야 하는 우리 세대에게 해 줄 수 있는 조언은 없습니다. 오히려 지금이라도 자신의 삶을 개척하기 위해 새로운 직업을 계속 창출하면서 자기 경력을 쌓아가야 합니다. 더 치열한 경쟁 사회에서 살아가야 할 우리 후배 세대들에게 알려줘야 합니다.

N잡러의 세계에 핑계는 없습니다. 우연도 없습니다. 운이 좋아 N잡러로 진입한 것은 아닙니다. 어떤 일이든 열심히 하다 보니 기회를 본 것입니다. 혹은 하나의 길을 꾸준하게 가면서 새로운 세상에 진입한 것입니다. 그러기에 본인이 길을 만들고 재정비하고 수정하며 나아가야 합니다. 그 시작이 거창하지 않아도 좋습니다. 나의 길은 내가 만들어 간다는 마음으로 접근해 보는 것이 현명합니다.

그래야 앞으로 5년 뒤에도 변화하는 세상에서 준비를 못 해 도태되지 않은 삶을 살 수 있습니다. 기억해야 합니다. N잡러는 하나의 생명체입니다. 가만히 앉아 있거나 잠만 자서는 살아 있지만 죽어 있는 생명과 다를 게 없습니다. 생명을 유지하기 위해서는 뛰거나 걸어야 합니다.

5

부자로 가는 길,
N잡러에게 한계는 없다

실패를 두려워하지 않는 마음으로

　N잡러가 되었다는 것은 무엇을 의미할까요? 끊임없이 무언가를 생각하고 행동했다는 의미입니다. 실패를 두려워하지 않고 시도한 사람입니다. 도전한 모든 것이 성과를 이루지는 못 할지라도, 적어도 여러 번 시도하여 성공 확률은 높였다는 것을 의미합니다. 지금 저는 N잡러로 살고 있지만, 하나씩 도전하며 직업화시킬 때마다 강한 확신과 자신감을 느끼고 시작한 것은 아닙니다. 해야겠다는 생각이 들면 시작했고, 중간에 수정과 보안을 거쳐 직업으로 연결을 시켰습니다.

하나의 직업을 스스로 만들어 본 사람들은 또 다른 직업을 만드는 것이 어렵지 않습니다. 중간에 닥칠 시행착오를 생각하며 일단은 시도하기 때문입니다. 여기서 중요한 것은 생각을 생각으로만 끝나지 않고 행동했다는 것입니다. 생각이 행동보다 무거우면 결코 N잡러로 성장할 수 없습니다.

'부자 마인드' 장착으로 핑계와 합리화 없애기

N잡러로 성장하기 위해서 가장 필요한 것은 '빈자의 마인드'를 버리고 '부자의 마인드'를 장착하는 것입니다. 빈자와 부자의 차이는 가지고 있는 자산의 차이가 아닙니다. 그들이 가지고 있는 마인드의 차이에 따른 결과로 현실적인 차이가 일어나는 겁니다. 빈자 마인드를 가진 사람은 매사 부정적이고 핑계가 많습니다. '이러니까 안 되고, 저러니까 안 돼.' 어떻게든 될 방법을 찾기보다는 안 되는 핑계를 찾기에 바쁩니다. 그리고 자신이 무언가에 도전하지 못한 이유로 자신의 어쩔 수 없는 환경 탓으로 돌립니다.

반면, 시궁창 같은 환경이라도 잘 극복하여 자신의 원하는 방향으로 성장하시는 분들이 있습니다. 그런 분들의 사전에 핑계와 합리화는 없습니다. 대신 될 수 있는 방법을 찾습니다. 불가능할 것 같은 환경을 극복한 사람들은 모두 부자 마인드가 있습니다. 가능한 방법을 찾고, 안 되면 재정비를 통해 원하는 삶을 살았습니다.

N잡러는 이제 시대의 변화에서 피할 수 없는 트렌드입니다. 한 번 들어간 회사에서 '나'를 책임져 주지 않기 때문입니다. 회사는 자선단체가 아닙니다. 개인의 복지와 노후까지 보장해 줄 책임이 전혀 없습니다. 회사에서 일을 한다는 것은 회사가 이익을 내기 위해 시간과 노동력을 투입하여 도움을 주어야 한다는 의미입니다. 개인은 노동력과 시간을 제공하고 그 교환의 대가로 월급을 받는 계약 관계일 뿐입니다.

반대로 N잡러로 살기 위해서는 시장과 거래하는 법을 배워야 합니다. 본업이 직장인일지라도 여러 분야로의 직업을 확장하기 위해서는 시장에 맞서 자신이 가진 능력을 증명할 수밖에 없습니다. 외부 고객사에 선택 받는 것도, 내가 스스로 고객을 만나 비즈니스의 관계로 만나든지 모두 시장에서 타인과 자기 능력을 교환하는 작업입니다.

만약 내가 시장과 거래할 만한 능력이 많다면 어떻게 될까요? 자연스럽게 나의 직업은 확장이 됩니다. 돈을 받고 충분히 세상에 유익한 것을 내놓을 만한 가치를 지닌 사람인데 여기저기서 나를 부르지 않을까요? 자기 자신이 상품성이 있는 사람이기 때문입니다.

저의 N잡 목표는 한 달에 100만 원 더 벌기였습니다. 직업을 하나씩 늘리면서 그 직업에서 얻을 수 있는 수입이 처음에는 20만 원 그다음에 40만 원, 60만 원, 100만 원 이렇게 단계적으로 목표 수입을 늘렸습니다. 그랬더니 실력이 늘면서 시장과의 거래가 많아졌습니다. 당연히 목표액도 늘었고, 수입도 상승했습니다.

그렇기 때문에 N잡러 세계에는 한계가 없습니다. 나의 능력치만 높이

올릴 수 있다면 원하는 만큼 일을 확장할 수 있습니다. 그러니 원점에서 시작한다고 하더라도, 결국 시장이 원하는 사람이 되어 부자로 가는 길로 갈 수 있습니다. 저는 끊임없는 자기 계발로 능력치를 올린 케이스입니다. 내가 할 수 있는 일에 한계를 두지 않았습니다.

스스로 자기 능력에 한계를 두지 않을 것

제가 만약, 저를 작가와 강연가로만 한계를 두었다면, 그다음 직업들은 없었을 겁니다. 거기에만 머무르지 않고 시장과의 거래가 충분히 가능한 사람으로 능력치를 올렸습니다. 그러면서 잠재의식을 깨웠습니다. 저의 강점을 발견하고, 그것을 깨우고 또다시 공부를 통해 능력치를 최대로 끌어올렸습니다. 그러면서 다양한 직업으로 확장해 나갔습니다. 물론 '글쓰기'라는 테마가 있었고, 과거의 경험 속에서 재능을 발견한 덕도 한몫합니다. 하지만 재능을 발견했다 하더라도 그것을 시장과 거래가 가능한 직업으로 만드는 것은 또 다른 노력이 필요합니다.

더욱 즐거운 것은 지금 확장한 직업 말고도 제 머릿속에서는 또 다른 아이디어가 샘솟고 있다는 점입니다. 독서 모임 기획자, 글쓰기 강사 양성 코치 등 새롭게 만들어 나갈 직업이 많습니다. 세상에 그런 직업이 어디 있냐고 하시는 분도 계실 겁니다. 이런 직업은 제가 아이디어를 내고 실행하면서 창작으로 만든 직업입니다.

이렇게 N잡러의 세계는 무궁무진합니다. 세상을 재미있게 살고 싶어

하는 마음, 시장에 내놓을 만한 실력 혹은 전문성에 아이디어를 내어 새로운 직업을 재생산할 수 있기 때문입니다. 나의 직업이 많아지면, 그렇지 않을 때보다 당연히 수입도 많아집니다.

미래의 N잡러는 단순이 여러 개의 직업을 가진 사람이 아닌, 새로운 직업을 창작해 나가는 사람으로 정의될 것입니다. 따라서 과거의 한 우물만 파서 하나의 파이프라인을 만드는 사람보다, 여러 개의 우물에서 다양한 파이프라인을 만드는 사람이 미래의 인재로 떠오를 겁니다. 이미 과거에 없던 직업들이 많이 생겼습니다. '인플루언서', '유튜버', '온라인 마케터'라는 직업은 과거 10년 전에는 없던 직업입니다. 최근 10년 사이에 하나의 직업군으로 인정받고 있습니다. 이 말은 N잡러로의 도전이 과거보다 훨씬 수월해졌다는 뜻입니다.

당장 유튜브를 개설해서 활동 해 보세요. 1년, 3년 뒤에는 유튜브로 수익을 내는 유튜버가 될 수 있습니다. 영상 만드는 것이 자신이 없다면 블로그 하나를 열어 열심히 포스팅 해 보세요. 몇 년 뒤에는 블로그 작가가 되어 인플루언서가 되어 있을지도 모르잖아요. 인플루언서 도전이 어렵다면 적어도 온라인 마케터를 꿈꿀 수도 있습니다.

우리는 단군 이래, N잡러가 되기에 가장 쉬운 시대에 살고 있습니다. 온라인 플랫폼 하나를 정해서 전문가 수준까지 운영만 잘해도 블로그를 가르치는 블로그 코치, 인스타그램 코치가 될 수 있습니다. 이미 수많은 블로그 강사나 인스타그램 강사들이 그렇게 일을 시작했습니다. 처음부터 전문성을 갖기 어렵다면 요즘 사람들이 관심 있어 하는 것을 공부하여 어떤 경지까지 자신의 능력치를 올려 보세요. 그렇게라도 일단은 시작해야 합니다.

블로그 플랫폼을 예를 들어 보겠습니다. 블로그 하나만 열심히 공부하고 전문성을 키워 보세요. 1년 뒤, 3년 뒤에는 블로그 강사, 블로그 공구 셀러, 블로그 전문기자, 블로그 마케터가 되어 있을 겁니다. 블로그 마케팅의 경지에 오르게 되면 마케팅 대행업체를 하나 차려도 되겠네요. 벌써 직업이 몇 개가 늘었나요?

N잡러의 세계니까 가능합니다. 한계가 존재하지 않기에 자신이 노력만 한다면 여러 개의 직업을 하면서도 재미있게 살 수 있습니다. N잡러의 세계는 취업에서 유리했던 고학력, 헤드헌터에게 러브콜을 받는 유수 회사의 경력도 그리 중요하지 않습니다. 내가 있는 자리에서 시작해도 한 분야에 전문성을 쌓고 세상과 교환이 가능한 실력까지 키우면 됩니다. 그리고 나를 세상에 홍보해 보세요. 또 다른 기회가 나를 찾아올 겁니다. 한계가 없는 N잡러, 이것이 바로 부자로 가는 마중물이 될 수 있습니다.

이보라

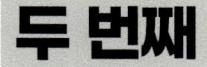

두 번째

한 가지
능력을 확장한
N잡러

(이보라)

1

하나의 재능이
직업이 되기까지

나를 즐겁게 하는 일을 발견하다

고등학교 2학년 스승의 날은 제 인생을 바꾼 날입니다. 저는 고등학교 시절 전교 회장이었습니다. 그 당시 전교 회장은 학교의 여러 가지 행사를 진행했고 저는 스승의 날 행사에서 학생들을 대표해 선생님들께 편지를 쓰고 읽게 되었습니다. 편지 읽기를 하던 그날, 감기로 목소리가 쉬는 바람에 목 상태가 좋지 않았습니다. 저는 걱정을 안고 쉰 목소리로 편지를 낭독했습니다. 편지를 낭독하는 동안 목소리가 갈라졌습니다. 또 목소리를 가다듬기 위해 잠시 말을 멈추어야 할 때도 있었습니다. 편지를 낭독한 후 저는 아쉬운 마음을 안고 교실로 돌아오고 있었습니다. 그때 마주친 국어 선생님이 저에게 말씀하셨습니다. "보라야, 너는 감정을 잘 섞어서 말을 참 잘하네. 앞으로 말하는 직업을 가지면 잘하겠어!" 알고 보니 선생님들께서는 제가 울면서 말하는 것으로 착각했고 그로 인해 감동하셨던 것이었습니다. 예상치 못한 반응이었고 칭찬받으니 좋았습니다. 수능 시험이 끝나고 대학에 입학하기 전까지 시간이 많이 생겼습니다. 저는 그때 국어 선생님이 말해주셨던 '말하는 직업'이 생각이 났고 뷔페에서 돌잔치 진행 아르바이트를 하게 되었습니다. 돌잔치 진행 일은 힘들었습니다. 접시를 치우는 일과 돌잔치 진행 일을 둘 다 해야 해서 육체적으로 힘들었습니다. 또 돌잔치에 왔던 남자 손님들이 저에게 술을 따라보라고 하는 경우와 같이 정신적으로 힘든 일도 종종 있었습니다. 저는 그때, 제가 하고 싶고 재밌는 일을 하려면 힘들어도 참아야 한다고 생각하며 일했습니다. 그렇게 난생처음 말하는 직업을 경험하면서 힘들기도 했지만 기쁨이 더 컸습니다. 제가 말하는 순간, 사람들이 저에게 집중하는 순간, 제가 말하는 대로 일이 진행되는 순간들 속에서 행복과 기쁨을 느꼈습니다. 대학에 진학하고 20살이 되자마자 말하는 직업을 갖고 싶어서 리포터 학원에 등록했습니다. 학원에서 발음, 발성, 표정 등 방송에 필요한 기술들을 배우고 카메라 앞에 서서 리포팅 하는 연습을 했습니다. 이렇게 연습하면 쉽게 리포터가 되는 줄 알았습니다. 하지만 서류 통과조차 못 하는 경우가 많았고 그렇게 여러 차례 오디션을 보던 중 '웨더 뉴스'라는 날씨 관련 오디션에서 최종 7인에 올라가게 되었습니다. 이 오디션은 인터넷 투표로 진행이 되었는데 저는 그 오디션에서 처참히 꼴찌를 했습니다. 많은 오디션에서 불합격의 쓴맛을 봤지만, 이번에는 충격이 오래갔습니다. 주변 사람들에게 투표해 달라고 말했는데 공개적으로 꼴찌를 했기 때문입니다. 그 후 2년간 저는 학업에 충실했습니다. 그렇지만 제 안에서 꿈틀거리는 '사람들 앞에서 말하고 싶은 욕구'를 참기 어려웠고 저는 대학교 3학년 때 다시 쇼호스트 학원에 등록했습니다. 쇼호스트 학원에 다니면서 홈쇼핑 공채 오디션, 대기업 사내 방송 오디션, 건강식품 판매 오디션 등 다양한 오디션을 경험했습니다. 그러던 중 광고 방식으로 판매하는 '광고 홈쇼핑'을 촬영하게 되었습니다. 촬영하는 동안 행복했습니다. 그동안 배우고 쌓아 왔던 것을 보여줄 수 있는 시간이었기 때문입니다. 즐거웠던 첫 촬영이 끝나고 3일 뒤 또 연락이 왔습니다. 다른 제품의 광고 촬영이었습니다. 저는 이때부터 본격적으로 '광고 홈쇼핑 쇼호스트'로 방송을 시작했습니다.

어려움을 극복하는데 필요한 것은 '유연함'이다

"보라야! 오늘 회사 점심시간에 식당 TV에서 널 봤어!", "너 TV에 나오더라." 등 광고 홈쇼핑 쇼호스트를 시작하고 저에게 지인들이 저를 봤다는 연락을 많이 했습니다. 함께 일하던 감독님이 "요새 보라 씨랑 촬영하면 제품이 잘 팔린다고 하더라고요. 바쁘시죠?"라고 말하기도 했죠. 바빠서 좋았습니다. 그러나 먹고살기가 어려웠습니다. 당시 저는 신인이어서 출연료가 적었습니다. 그마저도 촬영에 필요한 이동, 의상, 헤어, 메이크업 비용을 쓰고 나면 남는 것이 없었습니다. 심지어 어떤 감독은 제 출연료 지급을 차일피일 미루기도 했습니다. 사실 지금까지도 못 받은 돈이 있습니다. 제가 좋아하는 일을 하고 있지만, 돈이 없으니 힘들어지기 시작했습니다. 저를 가장 힘들게 했던 것은 돈이 없어서가 아니었습니다. 돈 때문에 제가 좋아하는 일을 싫어하게 될 것 같은 마음이 생기는 것이었습니다. 이 마음이 더 커지지 않게 하려고 저는 또 다른 '말' 관련 직업을 찾아야 했습니다.

꿈이 생기는 계기는 다양합니다. 저처럼 누군가의 한마디로 인해 꿈을 꿀 수 있고, 누군가를 보면서 꿈을 꿀 수도 있습니다. 또 자신이 좋아하는 것이 무엇인지 알고 꿈을 꾸는 것도 가능합니다. 꿈은 누구나 꿀 수 있습니다. 또 꿈을 꾸는 것은 좋다고 생각합니다. 목표를 세워서 희망을 품고 나아갈 수 있도록 하는 원동력이 되기 때문입니다. 자신이 꿈꾸었던 일을 쉽게 할 수 있다면 좋겠지만 고비는 꼭 있습니다. 저와 같이 일이 시작되기 전에 고비가 있을 수 있고, 시작되고 나서 또 고비가 올 수도 있습니다. 이럴 때 필요한 것이 유연함입니다. 꿈을 이루기 어렵다고 그냥 포기해버리는 것이 아니라 어려움을 극복할 수 있도록 다른 방안을 생각해 보는 유연함 말입니다.

2

시행착오가 단단한
전문성을 만든다

예상치 못한 곳에서 느끼는 재미와 성과

저는 말하는 직업을 갖고 싶었습니다. 막상 뛰어들어 보니 경제적인 어려움이 있었지만 포기하고 싶지 않았습니다. 그렇게 저는 방송을 계속하고 싶어서 '프리랜서 스피치 강사'라는 다른 일도 시작하게 되었습니다. 성인 스피치 학원에서는 방송할 때보다 다양한 사람들을 만날 수 있었습니다. 한의사. 초등학교 교사, 보험 설계사, 쇼핑몰 CEO, 헤어 디자이너, 주부, 대학생 등이었습니다. 생각보다 말을 잘하고 싶어 하는 사람들이 많았습니다. 이유도 다양했습니다. '말을 잘하면 능력을 더 인정받을 것 같아서'와 같이 성과를 위한 이유도 있었지만 '말을 잘하면 좀 더 편하게 살 것 같아서'와 같이 일상의 불편함을 없애고 싶어 하는 이유도 있었습니다. 또 한 주부님은 "아이가 점점 커가는데 말을 잘하는 엄마가 되고 싶어서 스피치를 배우러 왔습니다."라고 자기소개를 해주셨던 기억이 납니다. 다양한 사람들을 만나고 이야기를 들어보고 가르치면서 방송과는 다른 매력을 느꼈습니다. 방송은 제가 빛나는 느낌이라면, 강의는 사람들이 빛날 수 있도록 하는 것이었습니다. 저는 이 과정에서 보람을 느꼈습니다. 지도했던 수강생들이 대학에 합격하거나 승진하거나 말 때문에 답답했던 일들이 잘 풀린다고 말할 때 뿌듯함을 느꼈습니다. 스피치 강사 직업에도 흥미를 느끼자 더 잘 가르치고 싶은 생각이 들었습니다. 수강생을 잘 가르치기 위해 관련 도서도 많이 읽어가며 수업을 더 꼼꼼하고 착실하게 준비했습니다.

스피치 수업을 하면서 가장 기억에 남는 분은 60대 남성분입니다. 회사를 운영하시면서 앞으로 정치 관련 일을 하게 되어서 스피치를 배우게 된 분이었습니다. 정규 과정 수업을 듣고 또다시 수업을 들으실 정도로 열정적인 분이었습니다. 특히 '어' 발음이 '으'로 소리가 나는 것을 고치고 싶어 하셨습니다. 수업이 끝나 갈 때쯤 저에게 "나이 들어서 뭔가를 배우는 게 어렵네요. 젊은 사람들은 쉽게 배우고 고치는데 저에게는 어렵습니다. 어릴 때부터 스피치 교육을 받으면 좋겠네요."라고 말씀하셨습니다. 그때 제 머릿속에서 '어린아이들을 가르쳐 볼까?'라는 생각이 불현듯 들었습니다.

저는 불현듯 떠오른 생각을 실현하고 싶었습니다. 때마침 그때가 다른 강사들과는 다른 저만의 차별화가 필요하다고 느낀 시점이었기 때문입니다. 저는 초등학교 방과 후 키즈 스피치 강사에 지원해서 아이들을 가르쳤습니다. 아이들을 가르치는 것은 또 다른 느낌이었습니다. 몇 번 보지 않았어도 마음의 문을 쉽게 열어주었고 저를 좋아해 주었습니다. 또 배운 것들을 빠르게 흡수하고 변화했습니다. 수업이 끝날 때면 작은 손으로 꾹꾹 눌러 편지를 써주는 학생들도 있었습니다.

N잡러가 되기 위해 자신에 대한 고정관념을 없애라!

좋아하는 방송 일을 계속하고 싶어서 다른 일을 시작한 결과 어느새 저는 프리랜서 방송인, 성인 스피치 강사, 키즈 스피치 강사라는 3개의 직업을 갖게 되었습니다. 저는 처음부터 N잡을 꿈꾸었던 것이 아닙니다. 좋아하는 일을 포기하지 않고 싶어서 다른 일을 찾았습니다. 그러다 다른 일들에서 예상치 못했던 즐거움과 뿌듯함을 느끼게 되면서 일을 확장하게 되었습니다.

어떤 직업을 직접 경험하기 전에 그 직업이 하는 일은 누구나 알 수 있습니다. 눈에 보이는 것이니까요. 하지만 그 직업이 나에게 어떤 느낌과 보람을 주는지는 직접 경험하기 전까지는 알 수 없습니다. 같은 일을 경험하더라도 각자 느끼는 것이 다르고 추구하는 바가 다르기 때문입니다. 그렇기에 N잡러가 되려면 자기 자신에 대한 고정관념이 없어야 한다고 생각합니다. 내가 잘하는 것, 하고 싶은 것, 내가 못 하는 것, 어려운 것 등을 미리 규정지어 놓지 않아야 새로운 일을 경험해 볼 수 있습니다. 만약 제가 '방송 아니면 안 돼!'처럼 방송 관련 일만 고집했다면 새로운 일은 경험조차 못 해봤을 것입니다. 그리고 새로운 일을 경험하면서 예상하지 못했던 능력과 즐거움을 발견할 수도 없었을 것입니다. 그것이 N잡러가 되는 시작점인데도 말이죠.

N잡으로 얻은 값진 경험

저는 프리랜서 방송인, 성인 스피치 강사, 키즈 스피치 강사로 활동하면서 결혼했고 출산까지 하게 되었습니다. 육아를 막상 해보니 여러 개의 일을 하기는 어렵다고 판단이 되었습니다. 이때 필요한 것은 선택과 집중이었고 저는 키즈 스피치를 선택했습니다. 그리고 키즈 스피치 학원을 개원했습니다.

스피치 학원을 운영하면서 그동안의 방송 경력과 성인 스피치 강의 경력이 많은 도움이 되었습니다. 일단 아이들에게 제 방송 영상을 보여주면 갑자기 저를 보는 눈이 반짝이면서 더 열심히 배우려고 했습니다. 또한 아이들에게 생동감 넘치게 표현하는 것을 가르칠 때도 방송 경력이 도움이 되었습니다. 상담할 때는 다양한 연령대의 분들과 수업을 해본 덕분에 다양한 연령대의 부모님들과 이야기를 주고받는 것에도 어려움이 없었습니다.

　N잡은 여러 개의 직업을 경험해 볼 수 있어서 좋습니다. 하지만 경험으로 그치는 것이 아니라 경험을 통해 배운 것들이 제 속에 깊이 저장되어 더 좋습니다. 직업이 여러 개 있던 N잡러에게 직업이 하나둘 없어질 수 있습니다. 하지만 그 일을 수행하면서 자연스럽게 얻은 것들은 없어지지 않고 자신 안에 남아 있습니다. 저는 열심히 일 한 결과 자연스럽게 여러 개의 직업을 얻게 되었습니다. 출산하면서 성인 스피치 강사와 방송인이라는 직업은 손을 떼게 되었지만, 그 과정에서 배우고 체득한 것들을 바탕으로 키즈 스피치 학원을 운영하게 되었습니다. 그리고 키즈 스피치 원장이라는 직업은 현재 저의 N잡 중 가장 중심을 잡아주는 중요한 직업입니다.

3

인연을 귀하게 여기면
기회는 저절로 온다

인연은 열정과 노력으로 이어진다

성인 스피치 강사로 활동을 할 때, 외부 스피치 강의 의뢰가 종종 있었습니다. 외부 강의는 주로 스피치 학원을 통해서 연결되는 경우가 대부분이지만 평가가 좋으면 꾸준히 강의가 이어질 수도 있습니다. 한 번은 스피치 학원을 통해서 3명의 강사가 각자 1개의 학과를 맡아서 하는 수업을 의뢰받았습니다. 저와 강사님들은 수업을 위해 강의 자료를 만들고 준비했습니다. 함께 준비했던 분들은 외부 강의를 많이 다니지 않은 분들이어서 대부분 자료를 제가 준비했습니다. 그렇게 강의 자료를 준비한 뒤 학교에 넘겼습니다.

그로부터 며칠 뒤, 다른 강사님들은 수업할 수 있는데 저는 수업을 못한다는 연락이 왔습니다. 제가 맡게 된 학과의 학생들이 수강 신청을 하지 않았다는 이유였습니다. 너무 허무했습니다. 강의 자료는 거의 다 제가 만든 것인데 저만 수업을 못 한다니요. 왜 하필 제가 맡았던 학과의 신청자가 적은지 원망스러웠습니다. 저는 아쉬운 마음을 담아서 학교 담당자에게 "강의 자료는 거의 다 제가 만든 건데 못 가게 되어서 아쉽네요. 혹시라도 또 특강이 필요하시면 연락 주세요. 저 강의 잘해요."라고말을 하고 전화를 끊었습니다.

며칠 지나지 않아 그 대학에서 연락이 왔습니다. 스피치 수업을 원하는 과가 있는데 제가 생각이 났다는 연락이었습니다. 저는 기뻤습니다. 그 당시 속상한 마음을 말하길 잘했다는 생각이 들었습니다. 저는 평소보다 수업을 더 꼼꼼히 준비했습니다. 특히 학생들이 지루해 하지 않도록 게임적인 요소를 많이 넣고 쉬는 시간에 들을 노래와 영상까지 평소보다 더 철저하게 준비했습니다. 담당자가 제 강의를 보면서 '저번에 저 강사님이 왔었으면 좋았겠다'라고 생각하게 만들고 싶었습니다.

특강 당일, 학생들의 반응은 좋았습니다. 또 강의 평가도 잘 나와서 그이후로 저는 그 학교의 스피치 특강을 대부분 맡았습니다. 그뿐만 아니라 스피치 강의 외에도 제가 할 수 있을 만한 다른 특강들도 저에게 주셨습니다. 그러면서 "보라 강사님은 어떤 강의여도 잘하셔서 강의를 맡기면 걱정이 없어요."라고 말씀해 주셨습니다.

그 학교와의 첫 시작이 순탄치는 않았지만, 오랫동안 인연을 이어갔습니다. 저는 이 일을 겪으면서 인연은 열정과 노력, 더 나아가 실력으로 이어진다는 것을 느꼈습니다. 즉, 인연을 맺고 나서도 끊임없이 노력하고 겸손해야 한다는 것을 다시 한번 느꼈습니다.

'인연은 열정과 노력으로 이어진다'라는 것은 강사 일에만 해당하는 이야기는 아니라고 생각합니다. 가장 가까이로는 부부의 인연만 봐도 알 수 있습니다. 부부라는 인연을 맺고 나서 항상 샘솟는 사랑의 힘으로 인연을 이어나는 걸까요? 물론 그런 분들도 계시겠지만 저는 그렇지 않습니다. 남편이 싫어하는 행동은 하지 않으려고 하고, 좋아하는 걸 해주려고 노력하죠. 물론 쉽지는 않지만요.

특히 N잡을 가진 사람들은 사람과의 인연을 이어 나가는 것이 중요합니다. N잡러는 여러 개의 직업이 있으므로 신경 써야 하는 일도 많겠지만 열정과 노력으로 인연을 길게 이어 나가야 합니다.

용기로 얻게 되는 새로운 직업

사소한 인연도 용기로 이어 가면 'N잡러'가 되는 데 도움이 될 수 있습니다. 제가 키즈 스피치 학원을 개원할 때의 일입니다. 개원하기 전 학부모들의 관심을 끌 만한 이력이 필요했습니다. 그러던 중 학원 근처에 있는 대학교 평생교육원에서 저의 지인 분이 일하신다는 것을 알게 되었습니다. 저는 그 학교 평생교육원에 스피치 과정이 없다는 것을 확인하고 그분께 연락했습니다. 직접 만나 뵙고 스피치 수업을 제안하고 싶다고 말씀드렸습니다. 학교 일정상 지금 수업을 모집하기가 어렵지만 연락을 줬으니 일단 만나보자는 대답이 돌아왔습니다.

미팅 날짜까지 딱 2일이 주어졌습니다. 저는 스피치 수업을 제안하는 프레젠테이션을 준비했습니다. 스피치의 중요성과 비전에 관한 신문 기사들을 모았고 스피치 수업이 있으면 학교가 얻을 수 있는 이점 그리고 커리큘럼까지 모두 발표로 준비했습니다. 미팅이 시작되고 제가 제안 프레젠테이션을 하겠다고 하자 관계자분들은 놀란 표정을 지었습니다.

발표가 끝이 났고 저에게 이런 말이 돌아왔습니다. "지금까지 제안서를 받아본 적은 있지만, 이렇게 적극적으로 제안 프레젠테이션까지 하신 분은 처음입니다. 스피치 과정을 만들고 수업을 진행해 봅시다." 될지 안 될지 모르는 상황인데도 용기를 내서 준비하고 보여주었기 때문에 가능한 일이었습니다. 그렇게 저는 평생교육원 스피치 과정을 담당하게 되었고, 학원 홍보에도 도움이 되었습니다.

갖고 싶은 직업과 관련된 사소한 인연일지라도 용기를 갖게 되면 새로운 직업을 갖게 되는 데 도움이 될 것입니다. 하지만 용기만 있는 것이 아니라 그 일과 관련해 실력까지 갖추도록 노력해야 합니다. 이상을 꿈꾸면서 동시에 현실적인 감각으로 이상을 현실화하는 노력 말입니다. 그것이 제가 N잡러로 살며 배웠던 하나의 처세입니다.

4

내 삶에 무대를
만들어라

N잡러의 고충

N잡러라는 직업에는 장단점이 있습니다. 단점부터 이야기해 보겠습니다. 단점은 자유자재로 변해야 한다는 점입니다. 직업마다 맡는 역할이 다르기 때문입니다.

저는 학원을 운영할 때는 신뢰감 있는 이미지와 부드러운 카리스마를 가장 중요하게 생각하고 있습니다. 아이를 믿고 저희 학원에 보내실 수 있도록 하기 위해서는 신뢰감 있는 이미지가 필요하고 아이들도 강사들도 저를 믿고 따라올 수 있도록 부드러운 카리스마가 필요합니다. 저의 또 다른 직업인 행사 MC를 할 때는 다른 이미지가 필요합니다. 그것은 밝은 에너지입니다. 또한 관객들과 인터뷰를 진행할 때는 친근감 있게 말하면서 순발력 있게 생각하고 행동해야 합니다.

일상에서 누구나 변신은 하고 있을 겁니다. 일을 할 때의 모습, 부모 역할일 때의 모습, 배우자나 자식일 때의 모습 등 맡는 역할이 다르기에 다르게 행동해야 할 것입니다. 역할 변화에 따라 변해야 하는 것은 N잡러가 아니어도 있는 일이지만, 그게 직업일 때는 더 완벽하게 변해야 합니다. 다른 사람들에게 제가 N잡러라는 것은 중요하지 않기 때문에 저는 주어진 역할에 맞게 변하고 집중해야 합니다. 그리고 상대가 저를 믿고 일을 맡길 수 있도록 일을 잘 수행해 내야 합니다.

또 다른 단점은 언제든지 N잡러에서 1잡러가 될 수 있다는 점입니다. 저는 현재 제가 운영하는 학원 이외에 대학 강사, 행사 MC를 하고 있습니다. 학원은 제가 운영하기에 직업을 잃을 가능성은 낮은 편입니다. 그러나 만약 대학에서 더 이상 저를 부르지 않는다면, 행사 진행에 제가 아닌 다른 사람을 고용한다면 저는 직업을 잃게 될 수도 있습니다. 그래서 강의 요청 전화가 올 시즌이나 행사 섭외 시즌이 되면 여전히 불안함을 느끼곤 합니다.

N잡러가 누리는 행복

N잡러는 단점도 있지만 장점도 많습니다. 일단 제가 1순위로 뽑고 싶

은 장점은 '자기 효능감'을 느낄 수 있다는 것입니다. '자기 효능감'이란, 캐나다의 심리학자 알버트 반두라(Albert Bandura)에 의해 소개된 개념입니다. 자신이 어떤 일을 성공적으로 수행할 수 있는 능력이 있다고 믿는 기대와 신념을 뜻합니다. 이 효능감은 성공 또는 실패 경험을 통해 강화되거나 약화할 수 있습니다. 직업이 여러 개라는 것은 여러 개의 일에 도전했다는 것이고 그 직업을 갖게 되는 것으로 성취하게 됩니다. 이런 성공적인 경험들을 통해 자기 효능감이 높아집니다. 그럼 '나는 뭐든지 할 수 있다.'라는 자신감도 생기게 되죠. 특히 도전적인 과제가 주어졌을 때도 나 자신은 해낼 수 있다는 믿음도 생깁니다.

저는 이 '자기 효능감'을 글을 쓰고 있는 지금 이 순간에도 느끼고 있습니다. 이 책을 다 쓰고 나면 저에게는 작가라는 또 다른 직업이 생기겠죠. 만약 자기 효능감이 없었다면 제가 지금 하고 있는 일들을 하면서 글을 쓰는 것이 가능했을까요? 여러 개의 직업을 경험하면서 생긴 저에 대한 믿음으로 새로운 도전을 하게 되고 '나는 뭐든지 할 수 있다.'라고 생각하게 되는 것입니다.

두 번째 장점은 서로 다른 여러 개의 일을 하면서 재충전을 할 수 있다는 것입니다. 직업이 여러 개이면 준비할 것도 많고, 신경 쓸 일도 많습니다. 그럼 힘들 때가 있습니다. 하지만 이 모든 것을 잊게 하는 것이 있습니다. 나에게 맞는 일이 N잡 중에 하나라면 일을 하면서 행복할 수 있다는 것입니다. 저는 사람들 앞에 서서 그들에게 도움이 되는 말을 할 때 가장 행복합니다. 행복한 이유는 말을 할 때 제 자신이 가치 있게 느껴지고 이야기를 듣고 있는 사람들에게 존중받는 느낌이 들기 때문입니다. 또 저와 함께하는 시간이 청중에게도 의미 있는 시간이라고 생각되기 때문입니다. 제가 이런 느낌을 가장 강력하게 받는 직업이 있습니다. 바로 행사 MC입니다. MC는 사람들 앞에 서서 이야기하면서도 모두 편안하게 보고 즐기는 시간이라는 것 때문에 가장 제 마음도 편하고 부담이 적은 일입니다.

약 10년 전, 임신 7개월 차일 때 행사 진행을 했습니다. 오전 9시부터 오후 5시까지 진행되는 행사였습니다. 하루 8시간씩 연속 3일간 진행되는 행사였습니다. 임신 7개월의 임산부에게 이 일정은 무리였을 수 있지만, 오랫동안 서 있어서 다리가 아픈 것을 제외하고는 힘들지 않았습니다. 행복했습니다. 심지어 다리가 아픈 것도 행사가 진행되는 동안에는 느껴지지 않았습니다. 쉬는 시간이 돼서야 통증을 느꼈죠. 행복하고 즐거울 때 나오는 호르몬이 나와서 그런 것 아닐까요? 그렇지 않고서야 할 수 없었던 일이라고 생각이 듭니다.

최근에도 마찬가지였습니다. '2022년 WORLD LATTE ART BATTLE'이라는 커피 관련 경연 대회 행사를 진행했습니다. 하루 약 7시간씩 3일간 진행되었습니다. 저는 이 3일간 너무 행복했습니다. 좋아하는 일을 하며 행복하게 돈을 벌 수 있다는 것도 감사했습니다.

제가 만약 N잡러가 아니라 행사 MC만 했다면 이런 느낌을 받을 수 없었을 것입니다. 학원 운영이라는 가장 많은 시간을 쏟고 있는 일에서 잠시 멀어져서 일을 하니 더 재밌게 느껴졌습니다. 매일 붙어 있는 가족들과 잠시 떨어져서 혼자 여행하고 있을 때의 느낌과 비슷하다고나 할까요? 혼자 여행을 마치고 집으로 돌아오면 가족들에게 더 잘해주고 싶고 나에게 고마운 존재라는 것을 일깨워 주듯이, MC 일로 힐링을 받고 나면 학원 운영을 할 때 더 집중이 잘되고 재충전이 됩니다.

제가 여러 개의 직업을 계속 유지할 수 있는 이유는 여러 개의 일을 하면서 새로운 나를 발견하기 때문입니다. 가장 많은 시간을 쏟는 학원 운영 일과 잠시 멀어져서 일을 하면서 힐링하기 때문입니다. 여러분은 무엇을 할 때, 행복하신가요? 내가 행복함을 느끼는 순간을 찾아서 일과 연결 지어 생각해보세요. N잡러가 될 수 있는 방법 중 하나가 될 수 있을 것입니다. 그럼, 힐링도 하면서 여러 개의 직업도 가질 수 있을 것이라 생각합니다.

5

대표라는 마음가짐이
책임감을 키운다

N잡러가 지켜야 할 4가지 원칙

저는 현재 키즈 스피치 학원을 운영하는 대표이면서 프리랜서로 대학교 스피치 강의, 행사 MC 일도 하고 있습니다. 대표가 되어 일을 해보니 프리랜서로 일을 할 때는 보이지 않던 것들이 보입니다. 무엇보다 학원을 운영하며 강사를 고용해 보니 함께 오랫동안 일하고 싶은 사람이 보이기 시작했습니다. 또 같은 프리랜서여도 시급을 올려주고 싶은 사람은 분명히 있었습니다. 저는 이런 부분들을 기억하며 오랫동안 함께 일하고 싶은 N잡러가 되기 위해 노력하고 있습니다. 다음은 제가 함께 일하고 싶은 N잡러가 되기 위해 실천하고 있는 부분입니다.

1. 시간 약속은 신뢰의 1순위다

　어떤 직업을 가졌든 약속을 잘 지키는 것은 중요합니다. 약속을 통해 상대와의 신뢰를 쌓게 되고 그 신뢰로 저를 믿고 일을 맡겨주기 때문입니다. 저는 약속 중에서 특히 시간 약속을 잘 지키려고 노력합니다.

　'시간 약속' 하면 생각나는 사건이 있습니다. 저는 '충북대학교'에 스피치 수업을 하러 청주까지 고속버스를 타고 갔습니다. 강의 시간은 오후 1시였고 저는 30분 전인 12시 30분에 강의실에 도착했습니다. 강의실에서 학생들을 기다리고 있었지만, 학생들이 오지 않아 담당자에게 연락했습니다. 알고 보니 제가 강의실을 착각했던 것이었습니다. 급하게 강의실을 다시 찾아서 가야 했습니다. 하지만 찾아가야 하는 강의실은 다른 건물이었고, 멀었습니다. 차를 가지고 갔다면 금방 운전해서 찾았겠지만, 버스를 타고 갔기에 뛰어가서 찾아야 했습니다. 결국 저는 딱 1시에 강의실에 들어갔습니다. 다행히 강의 시간에는 늦지 않았지만, 헐레벌떡 수업을 시작해서 진행이 매끄럽지 않았습니다. 저는 이 일 이후로 시간 약속은 더욱 철저히 지키려고 노력합니다. 특히 저는 말을 해야 하는 직업이기 때문에 여유 있게 도착해서 준비할 시간이 꼭 필요합니다. 제가 해야 하는 말을 미리 정리하고 생각해놔야 강의가 더 잘 되기 때문입니다. 앞으로도 저는 N잡러로 활동하기 위해서 시간 약속을 1순위로 삼고 일할 것입니다.

2. 체력도 중요한 능력이다

20대 때는 운동을 안 해도 일을 하는 데 큰 어려움이 없었습니다. 30대가 되면서 조금씩 체력이 부족하다는 생각이 들었고 35세가 넘어가면서 체력을 키우지 않으면 일하는 것이 힘들고 어려울 수도 있겠다는 생각이 들었습니다. N잡을 하기 위해서는 그 무엇보다 체력이 중요합니다. 여러 개의 직업을 소화해 내려면 그만큼 쓰이는 에너지가 많기 때문입니다. N잡러이기 때문에 해야 할 일이 많겠지만, 일이 많으므로 체력을 키워야 합니다. 운동은 시간이 있어서 하는 것이라는 생각을 버리고 시간이 없어도 시간을 만들어서 해야 하는 것으로 여겨야 합니다.

저는 크로스핏을 하고 있습니다. 크로스핏은 매일 다른 고강도 동작을 짧은 시간 동안 사람들과 함께하는 운동입니다. 운동이 시작되기 전에는 '아무래도 오늘 못하겠는데…', '중간에 포기할 것 같다.'라는 생각이 많이 듭니다. 하지만 혼자가 아니라 함께 하므로 어떻게든 운동을 마무리 짓습니다. 그때마다 '내가 이렇게 힘든 것도 했는데 뭐를 못 하겠어.', '나는 뭐든지 할 수 있다.'라는 생각이 듭니다. 매일 아침 저는 크로스핏을 하면서 하루를 이겨낼 수 있는 정신적인, 육체적인 힘을 키우고 있습니다.

N잡러를 꿈꾸고 있는데 뭐부터 해야 할지 모르겠다면, 저는 단언컨대 운동을 추천할 것입니다. 운동을 하면서 체력도 키우고 강인한 자신을 마주하는 순간! 내가 꿈꾸던 여러 가지 다른 일을 할 수 있다는 확신이 생길 것이기 때문입니다.

3. 자신을 평가하자

회사에 다니면 연말 평가를 합니다. 1년간 자신이 일한 것을 동료들이나 상사들이 평가해주는 것이죠. 이 평가를 통해 자신이 해 온 일을 앞으로는 어떻게 해나갈 것인지 다시금 생각하기도 하고 문제를 발견해서 해결할 수도 있죠. 그럼, 저와 같은 N잡러는 어떻게 평가받을까요?

저는 처음에 스피치 학원의 평가는 원생의 수로 받는다고 생각했었습니다. 원생이 많으면 잘하고 있는 것으로 생각했었죠. 그런데 8년간 학원을 운영해 보니 생각이 달라졌습니다. 스피치 학원을 오래 다니는 원생의 수가 많아질수록 잘하고 있다는 생각이 들었습니다. 그만큼 학원의 수업이 만족스럽다는 것이고, 아이들도 학원에 다니면서 말하기에 재미를 붙인 것이기 때문입니다. 현재 저희 학원에는 3년 이상 수업을 듣고 있는 학생이 40% 정도 됩니다. 앞으로도 저는 오랫동안 믿고 보낼 수 있는 스피치 학원을 만들도록 노력할 것입니다.

대학 강의 평가는 훨씬 직접적입니다. 강의가 끝나면 강사 평가지를 학생들에게 나누어주고 평가받습니다. 수업이 끝나자마자 바로 제 앞에서 평가하므로 부담스러울 때도 있습니다. 최근에는 QR코드를 찍고 온라인으로 평가를 받기도 했습니다. 저는 항상 담당자에게 문의해서 평가 내용을 듣습니다. 강의가 아쉬웠던 날은 평가를 확인하고 싶지 않습니다. 솔직하게 적은 학생들의 평가가 저에게 쓰디쓰게 느껴지기 때문입니다. 하지만 평가지를 통해 고쳐야 할 점과 보완해야 할 점을 알게 되니다. 제 눈으로 확인하는 평가가 저를 힘들게 해도 결국 저를 더 성장하게 만들어 주고 있습니다.

마지막으로 행사 MC의 평가입니다. 요즘 제가 진행하고 있는 행사들은 유튜브로 생중계가 되고 있습니다. 그래서 행사를 마치고 다시 보기를 할 수 있게 되었습니다. 예전까지만 해도 누군가 처음부터 끝까지 행사를 찍어서 보여주지 않으면 볼 수 없었던 장면들을 쉽게 볼 수 있게 된 것입니다. 저는 행사를 진행하는 제 모습을 처음부터 끝까지 보면서 자신에게 칭찬하기도 하고, 부족한 점을 발견하기도 합니다. 운동선수들이 경기를 마치고 자신의 플레이를 분석하는 것처럼 말입니다. 이렇게 무대 위에 서 있는 제 모습을 분석하는 것이 같은 무대에 또 설 수 있게 해주는 저만의 무기입니다.

4. 나를 믿어주는 사람은 나다

앞서 언급한 '나를 스스로 평가하는 것'은 어렵습니다. 자신을 평가하는 과정에서 나 자신에게 실망할 수도 있기 때문이죠. 그럴 때마다 누군가에게 위로받기는 어렵습니다. 나에게 위로를 해주는 사람! 나를 가장 믿어주는 사람이 바로 '나'라면 어떨까요? 스스로 어떤 일에서 무슨 일을 겪든 가장 믿어주고 응원해 주는 사람이 되어보세요. 분명 어려움을 이겨 나가는 힘을 얻을 것입니다.

꾸준한 루틴으로 직업화한 N잡러

유정미

꾸준한 루틴으로 직업화한 N잡러

(유정미)

1

극복하지 못할
가난은 없다

'나는요, 오빠가 좋은 걸 어떡해.'

아이유의 '좋은 날'이라는 곡입니다. 이 노래를 들으면 철없던 20대의 제가 떠오릅니다. 듬직하고 우직했던 남편을 만나 6년 동안 연애하고 결혼했습니다. 우리 부부는 가진 것 없이 시작했지만, 남들처럼 곧 집도 사고, 차도 사며 금방 부자가 될 줄 알았습니다. 남편과 저는 누구보다 성실했기에, '꾸준'과 '열심'만 있다면 언제든 그리될 수 있다고 생각했었죠. 그것이 오로지 저만의 착각이었다는 걸 알게 된 건, 첫아이를 낳은 후였습니다.

첫아이를 낳고 1년 동안은 전업주부로 생활했습니다. 남편이 벌어 온 월급만으로는 세 식구가 살기에 빠듯하더군요. 하고 싶은 많은 일에 '돈이 없어서'라는 이유가 붙기 시작했습니다. 이대로는 도저히 안 되겠다고 생각했습니다. 아이가 첫돌이 지나고, 집 근처에 있는 학원에 일자리가 있는지, 온갖 취업 사이트와 정보지를 뒤지기 시작했습니다. 결혼 전에 학생들에게 초등 교과목과 논술을 가르쳤던 경력이 많았기 때문입니다.

아이가 어린이집에 가기엔 너무 이른 것 같아서, 같은 동네에 살던 큰 언니에게 염치 불고하고 부탁했습니다. 제가 일하게 되면 아이를 맡아 달라고 말이죠. 언니는 흔쾌히 그러겠다고 했습니다. 미안한 마음에 조카들의 공부와 논술을 제가 책임지기로 언니와 약속했어요. 언니가 아이를 봐주기로 하니 든든한 마음이 들었습니다. 더욱 본격적으로 일자리를 찾기 위해 혈안이 되었습니다. 준비된 자에게 기회가 온다고 했던가요? 드디어 집과 가까운 곳에 강사 자리가 생겼습니다. 미리 써둔 이력서를 가지고 면접을 보러 갔습니다. 학원 원장은 미취학 아이가 있는 강사들을 별로 좋아하지 않는다고 대놓고 말했습니다.

"선생님은 경력이 많아 일은 잘하실 것 같아요. 시간제로 3시간만 일할 수 있으면 같이 일을 해봅시다."

원장 선생님이 제시한 월급은 반찬값 정도의 아주 적은 금액이었습니다. 찬밥, 더운밥 가릴 처지가 아니었기에, 원장 선생님의 제안을 받아들이기로 했습니다. 면접을 보고 집으로 오는 동안에도 터무니없이 적은 월급이 마음에 걸렸습니다. 결혼 전에 받던 강사 월급의 반도 안 되었기에 더욱 그랬습니다. 집에 와서 남편에게 재취업에 성공은 했는데 월급이 너무 적어서 고민이라고 했습니다.

"돈만 생각하지 말고, 언젠가 지금 이 일이 경력이 될 수 있다고 생각해 봐. 돈도 벌고, 경력도 쌓고, 일석이조네."

남편의 말에 걱정이 날아갔습니다. 생각을 조금 바꾸면 두 마리 토끼를 잡는 좋은 기회였으니까요. 그런데 주변 사람들의 시선은 곱지 않았습니다. 재취업에 성공했다는 이야기를 들은 주변 사람들은 짧은 근무 시간을 듣고 저에게 질문했습니다.

"3시간만 일한다고? 그럼, 월급이 대체 얼마야?"

저는 쭈뼛쭈뼛한 태도로 반찬값 정도밖에 되지 않는 적은 월급을 이야기했습니다.

"뭐? 그 돈 벌려고 나간다고? 차라리 집에서 애를 잘 보는 게 낫지 않아?"

사람들은 아이를 내팽개치고 일하러 가냐는 시선으로 저를 보았습니다.

"그 돈 받고 일하러 나가는 건 잘못된 걸까?"

갑자기 확신이 없어진 저는 저를 비난하는 사람들에게 되묻곤 했습니다.

할까 말까 망설일 땐 자신에게 질문하자

저는 왜 일을 할지 말지를 주변 사람들에게 물었을까요? 모든 결정은 오로지 저의 몫인데 말이죠. 아마 제 자신조차도 돈에 대한 미련을 버리지 못한 탓이기도 했을 겁니다. 다시 제 자신에게 질문했습니다. 무엇 때문에 일하려 하는 거냐고요. 아무리 적은 돈이라도 저에게는 그 돈이 꼭 필요한 상황이었습니다. 제가 버는 돈으로 할 수 있는 것들을 손꼽아 보니, 생각보다 꽤 많은 일을 할 수 있었습니다. 생각할수록 일을 꼭 해야겠다는 생각이 들었습니다.

출근은 일주일 뒤부터였습니다. 남의 시선은 신경 쓰지 않고 오직 저와 제 가족만 생각하기로 했습니다. 아이를 낳기 전까지 학생들에게 가르쳤던 교재를 꺼내 공부를 시작했습니다. 교재를 보니 기억이 다시 새록새록 떠올랐습니다. 딱 일 년 만이었습니다. 일주일 동안 제가 맡은 학년 과정을 공부하며 철저히 준비했습니다. 일주일 후, 출근해서 오랜만에 한 강의도 어색함 없이 무사히 끝낼 수 있었습니다. 수업이 끝나면 퇴근하고 집으로 와서 조카들에게 교과목 공부와 논술 수업을 해주었습니다. 언니도 저도, 서로에게 해줄 수 있는 것들을 하며 상부상조했습니다.

주변 사람들의 시선은 여전히 따가웠습니다. 저를 위한 걱정이라고들 했지만 저는 속으로 늘 생각했습니다. 언젠가 이 시간이 쌓여 저의 경력이 되어줄 것이니 지켜봐 달라고 말이죠. 남들의 시선에 연연하지 않고, 저만의 방법으로 저의 경력을 쌓을 준비를 단단히 했습니다. 준비를 철저히 하고, 마음을 단단히 먹었으니 극복 못 할 일은 없다고 생각했습니다. 출발은 생계형이지만, 훗날 지난 시간을 돌아보며 웃고 싶었습니다. 그때 잘했다고 말하는 날을 상상하며 첫 번째 직업을 위한 발걸음을 힘차게 내디뎠습니다.

2

독서가 직업 확장의
바탕이 되다

문과라서 행복합니다

'문송'이라는 말을 아시나요? '문과라서 죄송합니다.'라는 뜻의 줄임말입니다. '문과'를 전공한 사람들이 취업하기 어렵다는 말로 자주 쓰이곤하지요. 저는 고등학교 때부터 문예창작을 전공했을 정도로 뼛속까지 문과생의 삶을 살았습니다. 결혼 전부터 학생들에게 독서, 논술을 가르치는 일을 했어요. 아이를 낳고 다시 사회로 나가니 세상은 많이 변해 있더군요. 책 읽기의 중요성은 강조되곤 했었지만, 수학, 영어, 국어의 높은벽을 독서, 논술이 뛰어넘을 수 없었습니다. 사교육 쪽의 분위기는 자주 바뀌었습니다. 제가 다시 취업 전선에 뛰어들었을 때는 독서, 논술을 예전보다 꺼리는 분위기였습니다.

아이 둘을 낳고 독서, 논술 강사로 다시 일하고 싶었는데, 구직 정보에는 원하는 일자리가 나오지 않았습니다. 일은 꼭 해야 하는 상황이었기에 수학 전문 학원 강사로 재취업했습니다. 아이들을 낳기 전에도 독서, 논술 수업과 초등 교과목 수업을 병행했어요. 그때는 수학이 여러 교과목 중 하나일 뿐이라고 생각했습니다. 재취업했을 때는 학생들에게 오로지 수학만 가르쳐야 했지요.

학창 시절, 저는 수학을 좋아하지 않았어요. 생계를 위해 수학을 가르쳐야만 하는 상황이 온 거지요. 피할 수 없다면 즐겨야 하는 게 많은 사람에게 전해지는 진리인 것처럼 저는 이 현실을 기쁘게 받아들이기로 했습니다. 수학을 가르쳐야 한다는 건, 제가 공부를 더 많이 해야 한다는 의미이고, 공부하는 시간은 제가 글쓰기 수업 외에도 다른 직업으로 확장하는 좋은 기회라고 생각하게 된 것이지요. 좋아하는 일만 하며 살 수는 없지만, 좋아하지 않는 일을 하며 나를 성장시키는 것도 제 삶에 많은 도움이 되겠다 싶었습니다.

시간이 지나자, 신기한 일이 벌어졌습니다. 정확한 날짜에 시간을 어기지 않고 제 통장으로 입금된 월급은, 지쳐 있던 제 마음을 다독거렸습니다. 제가 번 돈으로 가족들의 부족한 부분을 채울 수도 있었죠. 제 이름으로 된 통장으로 매달 돈이 들어오니, 수학을 가르치는 일이 좋아지기 시작했습니다. 그리고 수학을 가르치는 일은 제 경력에 도움이 되는 일이 되었습니다.

학원에서 수학 강사로 일했지만, 독서, 논술을 향한 마음은 식지 않았습니다. 학원에서 일하고 퇴근하면, 조카들에게 공부를 가르치는 일도 계속 이어가고 있었어요. 독서, 논술 교습 '감'을 잃지 않기 위해 조카들에게 독서, 논술도 가르쳤습니다. 제가 직접 책을 선정하고, 활동지도 만들었어요. 조카들이라고 대충하지 않고, 최선을 다했습니다. 언젠가 제가 하고 싶은 일을 할 날이 올 거라고 굳게 믿으면서 말이죠.

좋아하지 않던 일이 경제력을 갖게 하다

몇 년이 지나 행복한 일이 생겼습니다. 살던 동네에서 조금 떨어진 곳에 새 아파트를 분양받게 되었어요. 새 아파트 분양은 그동안 남편과 제가 차곡차곡 쌓아왔던 경제적인 부분이 조금씩 나아지고 있다는 걸 증명하는 셈이었습니다.

새 아파트에 입주하면서, 강사 일을 그만둬야 했습니다. 살던 동네와 거리가 멀어져 더는 다닐 수가 없게 된 것입니다. 갑자기 '공부방'이라는 단어가 떠올랐습니다. 새 아파트에 공부방을 먼저 선점한다면 '맨땅에 헤딩'한다 해도 승산이 있다고 생각했습니다. 아파트를 계약할 때 동, 호수를 지정할 수 있는 혜택이 있었습니다. 공부방을 하기 위해 필로티 층(1층은 로비, 2층부터 집이 있는 건물)을 분양받았습니다. 엘리베이터로 이웃 주민들과의 논쟁을 막기 위해서였고, 학생들의 이동 편리를 위해서였습니다. 공부방은 독서, 논술 과목을 다시 시작할 수 있는 계기가 되었습니다.

　공부방 사업을 결심하고 독서, 논술만으로는 학생들을 많이 모으기가 힘들다고 생각했습니다. 입주하는 주민들이 아파트 안에서 자녀들의 공부방을 찾을 가능성을 무시할 수 없었죠. 당장 초등 교과목을 버리고 독서, 논술만 할 수 없다고 판단했습니다. 생계는 이어 나가야 했기에 월요일부터 목요일까지는 초등 교과목을 수업하고, 금요일 하루는 독서, 논술 수업하는 날로 정했습니다. 초등 교과목 수업을 하면서 독서, 논술도 놓치지 않는 방법을 선택한 거지요.

　입주하기 전, 이사 날짜를 잡아 두고, 베란다 창에 홍보 현수막을 걸었습니다. 2층이라 현수막이 잘 보였습니다. 이사 날짜까지 미리 학생들을 모을 수 있다면 입주하자마자 일을 할 수 있겠다고 생각했습니다. 제 예상은 적중했습니다. 입주도 하기 전에 문의 전화가 많았습니다. 미리 예감한 대로, 새로 이사 온 학부모들은 학교 교과목 수업에 몰리더군요. 이것 또한 기회라고 생각했습니다. 교과목 수업하며 독서, 논술도 함께하는 학생들이 분명 있을 거니 때가 오기를 기다렸습니다. 학부모 상담할 때, 독서, 논술 수업도 함께 이야기했습니다. 독서, 논술 시간에 쓸 교재를 학부모에게 보여 주며 '책 읽기'의 중요성도 매번 강조했었죠. 교과목과 더불어 독서, 논술 수업까지 신청하는 학생들이 늘어나기 시작했습니다. 저의 노력이 빛을 발하는 순간이었죠. 공부방을 운영하며 초등 교과목 수업과 독서 논술 수업까지. 저는 그렇게 초등 학습법 코치와 독서 논술 강사라는 두 개의 직업을 갖게 되었습니다.

사람들은 독서, 논술과 학교 교과목이 연관성이 있는지 묻곤 합니다. 교사가 학생들이 학교에서 배우는 내용을 꿰뚫고 있으면 수업할 때, 도움이 많이 됩니다. 논술 수업할 때 어떤 일을 해본 경험을 이야기할 때가 많습니다. 그럴 때마다 아이들은 '모르겠어요.'라는 말을 자주 합니다. 교과서에 나오는 내용을 예로 들어주면 아이들이 더 빨리 이해합니다. 학부모와 상담할 때 꾸준히 읽어 온 저만의 독서 습관을 전달하고 학생들에게도 적용할 수 있는 방법을 많이 이야기했어요. 독서의 중요성을 상담할 때만 하고 마는 게 아니었습니다. 아이들과 수업할 때도 '책 읽기'를 매번 강조하며 일상에 독서가 습관으로 자리 잡을 수 있도록 노력했습니다. 책을 싫어하던 아이들도 점점 책은 매일 읽어야 하는 일로 생각하게 되었습니다.

좋아하지 않던 수학 수업은, 아이를 낳은 후 재취업이 힘들었던 저에게 경제력을 갖게 했습니다. 그 경제력은 곧 자신감이 되었죠. 수학 수업과 더불어 수업했던 사회, 과학 수업은 독서, 논술 수업할 때 학년별 수준에 맞게 설명할 수 있도록 도와준 좋은 도구가 되었습니다. 두 가지 일을 한꺼번에 하면서 깨달은 게 있습니다. 하고 싶은 일을 하며 살고 싶다면, 하기 싫은 일도 할 수 있어야 한다는 거예요. 내가 하고 싶은 일이 돈이 되는 일이라면 걱정이 없겠지만, 돈과 거리가 먼 일이라면 좋아하는 일을 하며 오히려 불행해질 수도 있을 겁니다.

'좋아하는 일을 하기 위해선 싫어하는 일도 해야 한다.'

언젠가부터 제가 명언처럼 생각하며 되뇌는 말입니다. 자신이 원하는 건, 누구보다 자신이 제일 잘 아는 법이죠. 나를 분명히 설명할 수 있는 것을 만들어 내기 위해 싫은 것도 참는 용기가 필요합니다. 저 또한 싫어하는 일을 참고 견딘 후에야 제가 가장 잘하는 일을 하며 살 수 있게 된 거예요. 이제는 저에게 수학 수업은 고마운 존재입니다. 저는 전혀 상관없을 것 같은 초등 교과목 수업 강사와 독서 논술 강사라는 두 가지 직업을 오가며 경력을 쌓았습니다. 처음에는 힘들었지만, 시간이 흐를수록 그 시간을 마음껏 즐기게 되었습니다.

3

계단식으로
쌓아가는 경력

해내기 위해 배워야 한다

방 한 칸에서 시작한 공부방은 첫 출발이 좋았습니다. 입회 문의가 끊이지 않았고, 대기자도 있는 공부방이 되어 갔죠. 강사 생활 10년 동안 수업만 했던 저는 '경영'을 잘 몰랐습니다. 아무리 작은 공부방이라도 가르치는 일만으로 모든 게 해결되지 않았습니다. 공부방에 필요한 물품이나, 돈 계산, 학부모와 학생 관리 모두 저의 몫이 되었지요.

막막하더라도 해내야만 했습니다. 해내기 위해 배워야겠다고 생각했었죠. 공부방 원장님들이 모여 있는 카페에 가입하고, 매일 들어가 제 고민과 비슷한 사례들을 찾아 메모했습니다. 그리고 제 공부방에 맞게 적용해야 할 것과 적용하지 않을 것을 분리하여 생각하게 되었습니다. 막막함에 두려웠던 공부방 경영이 점점 저만의 노하우로 자리 잡게 되었습니다.

학습법을 연구하며 국어, 수학, 사회, 과학 초등 주요 과목과 논술까지 가르치는 일은 쉽지 않았습니다. 초등학생들은 공식적으로 시험을 치지 않는데 단원이 끝날 때마다 '단원 평가'를 칩니다. 학부모와 학생 모두에게 만족감을 주려면 제가 더 열심히 뛰어야 했습니다.

학생 개개인에게 맞는 시험지를 구하기도 하고, 스스로 만들기도 하며 수업 전에 많은 준비 시간을 가져야 했죠. 학생들이 어려워하는 부분을 과목에 상관없이 더 쉽게 설명하기 위해 다른 강사들의 강의도 많이 찾아보았습니다.

논술 과목은 저의 전공 관련 과목이어서 가르치기에도 자신 있었습니다. 자신 있는 과목이어도 수업 준비 시간은 초등 교과목보다 더 많은 시간을 투자해야 했습니다. 학생들보다 먼저 수업에 쓸 책을 읽고, 분석해야 했어요. 학생들이 써야 할 글쓰기 주제로 제가 먼저 글을 써 보고, 어느 부분에서 막히는지 꼼꼼하게 정리했습니다. 제가 해 봐야 학생들의 고충을 안다고 생각했기에 제가 준비하는 많은 것은 당연한 과정이라고 생각했어요. 초등 교과도, 논술에서도 학부모와 학생들에게 점점 믿음과 신뢰를 쌓아가게 되었고, '먼저 노력하는 선생님'이라는 인식을 심어 주게 되었습니다.

공간을 확장하며 성장의 기쁨을 누리다

시간이 지날수록 학생이 더 늘어나 방 한 칸에서 학생들을 수용할 수 없는 상태가 되었습니다. 저는 상가를 구해 방 한 칸에서 벗어나기로 마음먹었습니다. 상가로 나가면 초등 교과는 코칭만 하는 일로 전환하고 '논술 전문'으로 운영하는 것으로 계획을 세웠어요.

제일 먼저 상가를 구했습니다. 둘째 아이가 아직 초등학생이었기에 둘째 아이의 학교 근처로 자리를 잡았어요. 상가를 수업할 장소로 바꾸기 위해 인테리어 업체와 계약하고 상가 공사에 들어갔습니다. 학생들이 수업할 장소가 되기 위해서는 공부방과 다른 여러 가지 조건이 더 필요했습니다. 우선 상가 주변에 술집이나 노래방, 모텔이 있으면 안 됩니다. 상가 서류에는 '2종 근린 생활 시설 판매 시설'이라는 용어가 들어가 있어야 해요. 교습소는 (교습소), 학원은 (학원)이라는 표기가 있어야 합니다.

원장과 강사는 '아동복지법'에 결격사유가 없어야 해요. 인테리어와 서류가 모두 준비가 되면 교육청에 신고하러 가야 합니다. 건축물 관리 대장 1부, 시설 평면도 1부(면적 확인), 임대차 계약서 원본(인도 날짜 확인), 주민등록증(신분증), 사진(3×4cm) 1장을 교육청에 가지고 가면 증명서가 발급됩니다.

학원으로 등록하면 '학원 등록 증명서'를, 교습소로 등록하면 '교습소 신고 증명서'가 나오죠. 증명서를 들고 지역 '세무서'로 가서 '사업자 등록증'을 발급하면 서류상 모든 준비가 끝나고, 교육청의 허가 날짜에 따라 수업을 시작하면 됩니다. '교습소'와 '학원'의 차이는 수용인원과 강사 채용의 차이입니다. 교습소는 비교적 절차가 복잡하지 않은데 학원은 '소방 관련' 업무까지 확인해야 해서 조금 더 신경 써야 할 부분이 있어요. 처음에 저는 상가로 나가게 되면 어떤 절차를 겪어야 할지 잘 몰라서 교육청에 정말 많이 전화해서 물어보았습니다. 계획을 세우고 절차를 확인해 가며 하나하나 확인해 나갔죠. 누군가가 곁에서 가르쳐 주는 사람이 있었다면 헤매지 않았을 텐데, 모든 걸 스스로 해결하며 다음 일을 생각해야 했습니다. 복잡한 절차로 힘든 과정을 겪긴 했지만, 그 모든 과정은 저에게 공부가 되었습니다. 꼼꼼하게 메모해 두었고, 주변 사람들이 교습소나 학원을 개원할 때 도움을 주기도 했습니다.

공부방 할 때와 상가로 나와 개원했을 때의 확연한 차이는 바로 '간판'이었습니다. 공부방은 지역에 따라 현수막 거는 것을 허락하지 않는 곳이 있어서 홍보에 많은 어려움을 겪기도 합니다. 상가는 당당히 간판을 걸 수 있고, 간판이 홍보에도 엄청난 효과를 주기도 해요. 학부모가 상가 앞을 지나다가 지금 당장은 필요하지 않아도 그 자리에 학원이 있다는 걸 기억하고 전화를 주는 경우가 많기 때문입니다. 저는 간판에 제 이름의 성을 넣었어요. '유쌤 논술'이라는 타이틀을 걸고 새로운 마음으로 일을 시작했습니다. 공부방에서 가르치던 학생들을 모두 데리고 이전했기에, 학생 수에 관한 건 부담이 적었습니다. 제 이름이 적힌 간판을 걸고 시작하니 더욱 책임감을 느꼈고, 그 마음은 수업 준비에 더 많은 시간과 노력을 하는 것으로 이어졌습니다.

상가로 나오며 더욱 만족스러웠던 것은 '공간력' 때문입니다. 방 한 칸 공부방에서는 점점 늘어나는 책들을 감당하기가 힘들었어요. 책을 수납하느라 가족들과 함께 쓰는 공간이 줄어들어 가족들에게 원성을 듣기도 했지요. 상가로 나오니 그런 점이 말끔히 해결되었습니다. 큰 장을 여러 개 놓고 장 안을 모두 책으로 채워 넣었어요. 오랫동안 독서가로 살아왔고, 책을 읽는 일을 해 와서 쌓인 책들이 어마어마했습니다. 많은 책을 차곡차곡 정리하니 제가 논술을 가르치기 위해 쌓아왔던 노력의 시간이 떠올라 울컥해지기도 했습니다. 상가로 나온 일은 저의 시간과 공간을 확보해 주는 수단이 되었습니다. 일터에 나오면 아무도 방해하지 않는 저만의 시간이 생겼고, 수업이 없을 때는 저를 위해 글을 쓰거나 책을 읽는 공간이 되었습니다.

공간은 사람을 이끌고, 머물게 하고, 느끼게 한다고 했던가요? 공간은 제가 존재할 수 있는 자리를 만들어 주었고, 공부방에서 상가로의 확장 이전, 그 이상의 성장하는 기쁨을 주었습니다. 제가 여태 쌓아왔던 경력이 없었다면 불가능한 일이었을 거예요. 생계를 유지하기 위해 시작한 일이었지만, 삶을 유지하기 위해 시작한 일이 개인의 성장에도 많은 이로움을 주었습니다. 결핍은 저를 제자리에 머물지 않게 했어요. 스스로 부족한 걸 알았기에 멈출 수가 없었습니다. 묵묵히 하는 것만이 저를 버티게 한 유일한 힘이었기에 가능했어요. 남이 이룬 성에서 강사로 일하며 제가 있을 곳을 찾아다녔고, 방 한 칸 작은 공간에서도 그때 꿈꿀 수 있는 크기만큼 견디며 지냈습니다. 공부방에서 쌓은 경험으로 이제는 상가로 나와 더 많이 성장해 가고 있습니다. 더 앞으로 나아가기 위해 어떤 노력이라도 할 각오가 되어 있어요. 제가 이룬 것들은 한 번에 된 건 하나도 없습니다. 아이가 계단을 오를 때, 한 걸음씩 발을 디디며 오르는 것처럼, 하나씩 쌓아 올렸습니다. 조금씩 노력하며 쌓아 올린 저만의 노력은 하나로 연결돼, 공간이 확장되는 창업으로 이어졌습니다. 덕분에 초등 보습 강사, 논술 전문 강사에 이어 교육 사업가까지 나아가게 되었습니다.

4

꾸준한 루틴을
만들어라

성장의 필수 과목은 시간 관리

"시간 관리를 어떻게 하세요?"

사람들은 N잡러로 살아가는 저에게 자주 질문하곤 합니다.

공부방에 이어 상가로 확장한 지 1년쯤 되었을 때입니다. 제자들도 점점 늘어나고 아침, 저녁으로 빈틈이 없는 시간을 보냈어요. 저의 하루는 분명 바쁘고, 정신없는데 무엇인가 부족하다는 생각이 들었습니다. 자꾸 그런 생각이 드는 이유가 무엇인지 깊이 고민해 보는 시간을 가졌습니다. 고민 끝에는 철저한 시간 관리를 유지할 루틴이 필요하다는 결론이 생겼습니다.

일하기 위해 움직이는 '나'가 아니라 성장하는 '나'를 위해 제일 먼저 확보해야 할 일은 시간 관리였어요. 하고 싶은 일의 모든 일을 효율적으로 하기 위해 우선순위를 정해야 했어요. '내가 바쁘게 일하면서도 가장 즐겁게 해오던 일은 무엇일까?' 혼자 되뇌던 물음에는 꾸준히 읽어 오던 '책 읽기'가 있었습니다. 평소에 즐겁게 해오던 책 읽는 일을 구체화해 보기로 했습니다. 읽은 책을 기록으로 남겨 보기로 했어요. 나만 보는 노트에 기록하는 것보다 많은 사람이 볼 수 있는 곳에 남기는 것이, 저의 결심을 흐트러지지 않게 하는 방법이라고 생각했습니다.

저는 오후 1시부터 늦은 밤까지 일하는 생활을 하고 있습니다. 매일 아침 신문 읽기가 끝나면 출근 전까지 엄마와 아내, 주부의 역할을 해내야 합니다. 하루 중 저만을 위해 집중할 수 있는 시간을 확보하기가 쉽지 않습니다. 어떤 일을 하려고 하면 자꾸 해야 할 집안일이 떠올라 집중하기가 힘들었습니다. 집에 있으면 눈에 보이는 것 모두가 일거리로 보이기에, 더욱 그랬습니다. 특단의 조치가 필요했습니다.

특단의 조치란 휴대 전화의 '타이머' 기능을 이용해 보는 것이었습니다. '타이머' 기능에 30분을 맞추고, 종료 알림 소리가 들릴 때까지 책과 신문에 집중했습니다. 집에 남편과 아이들이 있을 때는 미리 양해를 구했습니다. 30분이 매우 짧은 것 같지만 실제로 30분 동안 아무것도 하지 않고, 하나에 집중해 보면 꽤 많은 일을 할 수 있습니다. '30분 타이머' 방법을 터득하고부터는 많은 일에 이 방법을 적용해 보았습니다. '30분 타이머' 방법은 다른 일을 할 때도 대단한 집중력을 발휘하게 했습니다. 30분이 모여 좋은 습관을 이루는 '성공 루틴'이 된 것입니다.

책을 깨끗하게 보는 편이 아닙니다. 마음에 드는 문장에 줄을 긋고, 저만의 표식을 하여 다음에도 볼 수 있게 합니다. 읽은 책을 기록하기로 마음먹은 후부터는 SNS에 필사 문장을 옮겨 놓았습니다. 읽은 책에서 마음에 들었던 문장을 SNS에 기록해 보니 새로운 경험을 하게 되었습니다. 저와 비슷한 책을 좋아하는 사람들이 저의 SNS에 찾아와 공감을 눌러 주고, 댓글도 달아 주었어요. 얼굴을 한 번도 본 적이 없는 사람이지만, 책을 통해 친구가 되는 것이었어요. 한 번도 본 적 없는 사람과 마음이 통할 수 있다는 게 신기하기만 했습니다.

SNS에 책 친구가 많이 늘어날 즈음, '새벽 신문 읽기'를 진행하는 분을 알게 되었습니다. 신문 읽기는 매일 아침 6시부터 시작되었습니다. 인터넷으로만 신문을 읽어 오던 제가 종이 신문을 구독하여 읽기 시작했습니다. 매일 아침, 온라인으로 '새벽 신문 읽기'에 참여했습니다. 온라인 신문 읽기 모임이 끝나면 30분 정도 혼자만의 신문 읽기 시간을 가졌습니다. 그리고 오늘 기사 중 하나를 골라 스크랩했습니다. 선택된 신문 기사를 요약하기도 하고, 중요 부분에 표시하며, 저의 생각도 함께 적어 보기도 했습니다.

'SNS에 독서 기록 남기기'와 '신문 읽기'는 분명 저를 위해 시작한 일이었습니다. 제가 매일 30분씩 집중하며 읽은 책과 신문은 제가 가르치는 학생들과 저의 아이에게도 긍정적인 영향을 주었습니다. 매일 30분씩 투자해 얻은 정보와 지식은 학생들과 제 아이에게 전달되었고, 아이들은 그 정보들을 글쓰기에 활용하기도 했습니다.

N잡을 유지할 수 있는 비결

저는 또 결심했습니다. 대학원에 가서 문학에 대해 더 깊이 공부해 보기로 말이죠. 저는 곧 결심을 행동으로 옮겼습니다. 대학원 '문예창작과'에 입학하여 열심히 공부했습니다. 코로나 시기에 입학하고 졸업도 하였어요. 코로나가 사람들의 생계와 생명을 위협할 때 저 또한 영향을 많이 받았습니다. 위기는 또 다른 기회라고들 하죠. 코로나로 세상이 더디게 움직이고 있을 때, 일하는 시간은 줄었지만, 공부할 시간을 확보할 수 있었습니다.

다시 공부하며 매일 하게 된 루틴이 하나 더 생겼습니다. 바로 '글쓰기'입니다. '매일 글쓰기' 동아리에 가입하여 글을 쓰기 시작했습니다. 대부분 그날 있었던 일을 일기처럼 써 내려갔습니다. 매우 바쁜 날이나 힘든 날에는 책 내용이나 신문 필사가 되기도 했고, 좋은 시 감상문이 되기도 했습니다. 무엇이 되었든 무조건 하루에 하나는 꼭 쓰고 잠들었습니다. 저의 글쓰기는 동아리 인터넷 카페에 매일 저장하였습니다. 글쓰기 또한 기록으로 남기게 된 것이죠. 매일 30분 책 읽기 후 글감을 정하고, 쓸 내용을 정리하여 '오늘의 글쓰기'를 마무리했습니다. 매일 글 쓰는 습관은 제가 가르치는 학생들에게 '선생님도 매일 쓴다'는 걸 증명하는 수단이 되었습니다. 꼼꼼한 아이들은 제가 '매일 글쓰기'를 진짜하고 있는지 날짜까지 정확하게 확인하기도 해서, 제가 더욱 부지런해지는 계기가 되었습니다.

학생들은 "어른들은 공부 안 해도 되잖아요."라는 말을 자주 했습니다. 그런 학생들에게 언제나 먼저 공부하며 노력하는 선생님이 되는 게 꿈이었습니다. 그날 읽은 정보를 정리하여 학생들에게 재미있는 이야기인 듯 전달했습니다. 학생들은 저를 '늘 먼저 노력하는 선생님'으로 봐주기 시작했습니다. 매일 읽고, 쓰는 루틴은 저의 그런 꿈을 이루게 해준 것이죠.

무엇이든 매일 하는 것은 힘이 셉니다. 긍정적인 일은 긍정적으로, 부정적인 일은 부정적으로 보이지 않게 차곡차곡 쌓이게 됩니다. 그것은 훗날 아주 큰 힘으로 작용하게 되지요. 저는 매일 읽고, 쓰고, 정리하며 기록하는 일을 습관 들이고, 긍정적인 루틴을 만들었습니다. 매일 읽고, 쓰는 일을 반복하며 출간 작가의 꿈을 이루며 저에겐 학습 코칭 전문가, 독서 논술 지도사에 이어 작가라는 직업이 추가되었어요.

N잡러와 시간 관리는 떼려야 뗄 수 없는 막역한 사이입니다. 제가 N잡러가 될 수 있었던 이유는 평범하면서도 지키기는 쉽지 않은 '매일 하는 습관'이 있었기 때문입니다. 여러 가지 일을 해내야 하는 N잡러에게 시간 관리가 필수입니다. 저는 저만의 루틴으로 시간 관리를 하며 많은 일

을 해낼 수 있었습니다. 사람마다 하루에 채워야 할 일의 방법과 분량은 다를 것입니다. N잡러는 자신만의 시간 관리 방법으로 여러 가지 직업을 오래도록 유지할 수 있는 루틴이 반드시 필요하다는 것을 명심해야 합니다.

5

부지런한 열정이
N잡을 완성한다

연관성 있는 연결고리로 엮는 N잡

'한 우물을 파라'라는 말이 진리로 통하는 시대가 있었습니다. 하는 일이 여러 가지면 한 가지라도 제대로 하지 못한다는 의미로 받아들여지기도 합니다. 요즘은 사람들의 인식이 달라졌습니다. 직업 하나로 평생 먹고사는 '철밥통' 시대는 영원하지 않습니다.

독서 논술 교사, 학습 코칭 전문가의 경험을 살려 매일 읽기와 글쓰기를 실천한 저는, 책을 출간하며 '작가'라는 직업까지 생겼습니다. 세 가지의 직업을 동시에 진행하며 N잡러의 대열에 올라서게 된 거지요. 세 개의 직업은 따로인 듯하지만 모두 연관성이 있습니다.

독서 논술 수업하면서 학생들이 학교에서 배우는 교과목을 알아야 수업에 도움이 된다는 것을 알고 공부를 다시 시작하였고, 그 경험을 살려 글을 쓴 것이 책이 되었습니다. 하나의 직업에 모든 걸 쏟아붓기보다는, 그 직업을 통해 다른 일을 할 수 있는 연결고리를 찾아보고, 실천해 보는 게 N잡러로 거듭날 수 있었던 비결이었습니다.

현재 하는 일과 전혀 다른 장르의 일을 한다면 N잡러로 살아가기가 버거울 수도 있습니다. 일의 연결고리가 없기에 하나의 직업에 따로따로 집중해야 할 시간이 필요하기 때문이지요. 직업이 여러 가지라도 모두 연관성이 있다면 결과가 달라집니다. 저의 경우 독서 논술 수업할 때, 학생들에게 예를 들어 설명해야 할 때가 많습니다. 학생들이 사는 환경이 각각 다르므로 경험치도 다를 수밖에 없지요. 그럴 때 교과서에 있는 내용과 개념들을 많이 활용했어요. 학교에서 배우는 교과목은 학년마다 비슷하기 때문입니다.

독서 논술 수업은 읽고, 쓰는 일이니, 수업 준비하며 새롭게 알게 된 내용이나 수업에 연관된 책과 신문을 읽으며 저의 글쓰기에 적용해 보았습니다. 글쓰기도 저의 직업과 깊은 연관이 있고, 아이들을 가르치기 위해 저도 꼭 해보아야 하는 작업이었기에 세 가지의 직업을 하나로 연결할 수 있게 된 것이죠.

아이를 낳은 이후 돈을 버는 일은 사실 생계를 위한 수단으로 시작한 거였습니다. 아이들이 어릴 때 엄마가 일한다는 건 많은 수고와 고통이 따르는 일이기에 '산 넘어 산' 격으로 어려움을 넘기며 살아왔습니다. 저의 희생뿐만 아니라 남편과 아이들까지 가족 모두 각각의 어려움을 넘기며 지나왔어요.

어떤 일이든 저 혼자 잘한다고 성공할 수 없습니다. N잡러로 살아가는 일은 더욱 그렇습니다. 함께하는 사람들과 서로 배려하고 만족할 수 있는 태도를 가져야 합니다.

저의 일터에서 제가 만족시켜야 할 사람은 학생과 학부모입니다. 제가 아무리 열심히 한다고 해도 학생과 학부모가 만족하지 않는다면 제 직업을 유지할 수가 없지요. 학생과 학부모를 위해 무엇을 해줄 수 있을지 늘 고민합니다. 그래서 저와 같은 직업을 가진 사람들과 소통하는 일을 게을리하지 않습니다.

그럼에도 불구하고 목표에 바짝 다가가기

저는 지방에 살고 있어서 많은 사람과 소통하기가 쉽지 않았습니다. 그러나 코로나 이후 온라인 교육이 활성화되면서 저와 같은 직업을 가진 분들과 소통하기가 어렵지 않게 되었어요. 온라인으로 교육을 들을 수 있는 강의를 찾아보았어요. 저와 비슷한 일을 하는 분들 가운데 온라인으로 자신의 노하우를 소개해 주는 분들을 많이 만나게 되었습니다. N잡을 유지하기 위한 저만의 필살기였다고도 할 수 있습니다.

제아무리 가르치는 일을 하고 있어도 그 분야에서 오래 살아남으려면 더 많이 배워야 합니다. 배우는 데 그치지 않고 배운 것을 실천으로 옮기는 실행력도 무엇보다 중요합니다. 생각하는 건 누구나 할 수 있습니다. 깊은 생각의 끝에는 '할 수 있다'는 믿음보다 '할 수 없다'는 이유로 기회를 놓치기도 합니다. 너무 많이 고민했기 때문입니다. 기회는 왔을 때 잡아야만 합니다.

저는 문학을 좋아합니다. 오래도록 사랑받아 온 명작을 읽는 것을 즐겼지요. N잡러가 되고 나서는 책을 대하는 태도가 조금 달라졌습니다. 그동안 즐겨 읽어왔던 장르뿐만이 아니라 '마인드 교육'에 필요한 책을 많이 읽게 되었죠. 마음이 약해질 때마다 마음에 힘을 실어 줄 수 있는 책들을 읽으니 용기가 생겼습니다. 책 읽기는 N잡러로 살아가는 저에게 삶의 지침서가 되어주곤 했습니다.

읽는 것과 더불어 쓰는 일을 게을리하지 않았습니다. 하루에 해내야 할 일들이 많으니 메모하는 습관은 곧 '생존'이 되었습니다. 많은 정보와 해결해야 할 일이 쓰나미처럼 몰려올 때, 제가 실수를 덜 하고 잘 지나갈 수 있게 한 것은 메모였습니다. 기억하기 위해 메모했고, 틈틈이 메모한 것을 상황에 맞춰 살을 붙였더니 책이 되기도 하더군요.

돌아보면 '언제 그 많은 걸 다 했지?' 하며 스스로 놀랄 때가 있습니다. 저 혼자 잘한다고 절대 성공할 수 없습니다. 비슷한 직업과 같은 목표를 향한 사람들과 함께 할 때, 더 멀리 갈 수 있습니다. 도움을 받을 땐 정중히 부탁하고, 제 도움이 필요한 상황이 있으면 핑계 대지 않고 열심히 주위 사람들을 도왔습니다. 서로 돕고자 하는 마음이 N잡러로서의 역할을 거뜬히 해낼 수 있는 원동력이 되었다고 생각합니다.

저는 여전히 매일 읽고, 매일 쓰고 있습니다. 그것을 학생들에게 가르침으로 전달합니다. 일상에서 만나는 많은 이야기를 제 책에 담았습니다. 벌써 이 책이 세 번째 책이 되겠네요. 글이 책이 되기까지는 시간과 노력을 쏟아부어야 합니다. N잡러가 되는 과정도 책을 만드는 일과 비슷하다고 생각해요. 책 한 권에 여러 개의 '장'을 만들고 각각의 장에 어울리는 챕터 글을 써야 하는 것처럼 N잡러의 길도 여러 개의 직업 속에 스스로 감당할 수 있을 만큼의 에너지를 쏟아야 하는 거죠.

'~할까 봐'라고 걱정하며 이루고 싶은 일을 자꾸 미루고 있지는 않은가요? '일단 해보자, 안 되면 말고.'라는 마음으로 하고 싶은 일을 향해 한 걸음씩 나아가는 연습을 해야 합니다. 생각보다 많은 시간과 비용이 들수도 있습니다. 때로는 생각보다 나아가지 않는 현실에 좌절하기도 할 거예요. '그 나이에 왜 하냐?', '지금 그걸 해서 뭐 하냐?' 숱한 방해꾼도 나타날 겁니다. 그럼에도 불구하고 해보겠다는 마음으로 바짝 다가가 보는 용기를 가져야 합니다. 해본 사람만이 다음이 보이고, 해야만 하는 이유를 알 수 있습니다. 자신을 믿고 용기를 내보세요. 매번 망설이는 자신을 이겨내고 성공적인 N잡러의 삶을 마음껏 누리시길 바랍니다.

박혜린

네 번째

덕업일치
N잡러

(박혜린)

1

평생직장은 없다는
불편한 진실

평범한 회사원이 덕업일치 N잡러로 사는 법

좋아하는 일로 삶을 채워가며 돈을 벌 수 있는 '덕업일치의 삶', 회사 밖에서도 살아갈 수 있는 '평생직업 만들기' 평범한 직장인도 가능합니다. 250만 원의 월급을 받던 평범한 30대 회사원인 저는 스트레스를 해소하기 위해 시작한 취미로 그런 삶을 살고 있습니다. 나의 취미로 '수익 파이프라인이 계속 늘어나고 월급 앞자리가 바뀌어 가는 삶'을 살 수 있다면 즐겁지 않을까요? 본업은 회사원이지만 좋아하는 일을 하며 '확장형 N잡러'가 되었습니다. 제 앞으로의 삶은 경제적인 것뿐 아니라 자아를 실현함으로써 점점 더 나아질 것이라는 기대감이 있습니다. 저는 어떻게 'N잡러'가 될 수 있었을까요?

나의 욕구 알기, 메타인지

가장 먼저 내가 어떤 사람인지, 무엇을 좋아하고 어떤 삶을 살고 싶은지 내면의 목소리에 귀 기울였습니다. 대기업에 속해 있는 안정감과 소속감은 나의 사회적 위치가 꽤 괜찮다는 착각을 심어주기도 합니다. 매달 받는 월급으로 적당한 나이에 결혼해서 내 집을 마련하는 삶. 가족들과 휴가 계획을 세우며 적당히 워라밸을 갖춘 삶도 나쁘지 않습니다. 그러한 평범한 삶을 이루는 것도 쉽지 않은 것이 사실입니다.

30대 여성인 저는 '좋은 아내' 이자 '엄마'로 역할을 잘하고 싶었습니다. 동시에 '나'라는 사람의 정체성을 잃지 않고 한 사회 구성원으로서 가치 있는 역할을 하고 싶었습니다. 또한 젊은 나이, 외모를 내세울 수 있는 시기를 지나더라도 매력 자본을 갖춘 여자로 나이 들고 싶었습니다. 내 마음의 소리에 귀를 기울이며 질문했습니다. '엄마가 된 후 아이 양육 문제나 피치 못할 사유로 회사를 나와야 한다면, 나는 어떻게 되는 걸까?' 회사에서 꽤 오랜 기간 경력을 쌓다가 나왔지만 '나'라는 사람은 경쟁력이 있을지, 어떤 일을 할 수 있을지 의문이었습니다. 아마도 나이가 들어 아르바이트 자리도 구하기 어려울 듯했습니다. 그렇게 자신에게 물으며 열린 마음으로 시대의 흐름을 파악하고 그 속에서 살아가는 방법을 주시했습니다.

평균 수명은 점점 연장되고 대중교통 무료와 같은 경로 우대 복지정책 대상인 노인 연령 기준을 65세에서 70세 전후로 상향 조정하려는 움직임이 보입니다. 하지만 평생직장으로 인식됐던 회사의 퇴직 연령은 어떨까요? 평균 수명이 연장됨에 따라 "60세인 정년퇴직 나이도 연장하자."라는 목소리가 무성하지만 현실 퇴직 연령은 49세, 그중 비자발적 퇴사가 큰 비율을 차지합니다. 정년 나이에 퇴직이 가능한 사람은 10%도 미치지 못한다고 합니다. 회사가 나가게 만들든, 자발적 퇴사를 하든 간에 늦어도 50세에는 회사를 나와야 합니다.

정년퇴직 시기에 박수를 받고 아름답게 은퇴할 수 있는 사람이 얼마나 될까요? 40대가 되면 소위 '밥값 이상의 가치를 창출할 수 있는지'에 따라 자리가 위태로워집니다. 그만두면 회사가 오히려 고마워할 상황이 될 수 있습니다. 온 청춘을 회사에 바쳤지만, 허무하게 회사를 떠나는 상사들을 보며 '현재는 회사에서 필요한 성실한 일꾼이지만 필요 없는 순간 버려지는 소모품일 뿐이구나.' 싶었습니다.

청춘을 바쳐 일하던 회사에서 쫓기듯 나와 퇴직 이후 노후 소득 충당을 위해 좋아하지 않는 일을 하고 싶지 않았습니다. 내가 원하는 때에 당당하게 회사를 나와 이후에도 '잘' 살아갈 수 있는 자생력을 갖추고 싶었습니다. 나아가 가치 있게 생각하는 일을 하며 원하는 사람과 장소에서 시간을 보낼 수 있는 자유를 원했습니다.

회사 밖에서도 살아갈 수 있을까? 회사 밖에서 나라는 사람은?

제가 자신에게 수시로 던졌던 질문들을 이 글을 읽는 독자에게도 묻고 싶습니다. 저의 글을 읽는 독자분들이 깨우치고 실행한다면 돈으로 환산할 수 없는 행운을 줬다고 생각합니다.

"당신의 50세 이후 삶을 어떻게 전망하시나요?"

"내가 정말 좋아하는 것은 무엇이며 어떤 삶을 살고 싶으신가요?"

"회사에서 주어진 일을 하다가 사회에 나와 할 수 있는 일은 무엇인가요? 수십 년을 일한 경력자이지만 나의 전문 직업을 가졌다고 할 수 있을까요?"

"나름대로 이름 있는 기업에 다니며 높아진 눈과 생활수준을 유지하는 것은 가능할까요?"

최대한 오래, 50세까지 다닌다고 해도 인생의 반밖에 지나지 않은 시기입니다. 회사 밖에서의 삶이 준비된 사람과 아닌 사람의 말년은 크게 다릅니다. 저 또한 완벽히 준비되지 않았지만 가까워지기 위해 노력 중입니다.

한 우물만 파는 시대는 끝났다. 평생 직업 만드는 N잡러, 선택이 아닌 필수

인정하기 싫을지 모르지만, 한 우물만 파는 시대, 평생직장의 시대는 끝났습니다. 당신이 한 분야에 독보적인 존재라면 가능할 수 있지만 슬

프게도 저와 같은 대부분의 평범한 사람은 그렇지 않습니다. 산업 구조는 빠르게 변화하고 직업의 유효기간도 짧아지기에 살아가는 동안 직업을 여러 번 바꿔야 할 수도 있습니다.

미래학자 토머스 프레이는 "2030년에 경제활동을 시작하는 사람은 평생 8~10개 직업을 바꿔가며 일하게 될 것이다."라고 전망합니다. 그렇다면 개인이 직장과 삶을 바라보는 태도 또한 바뀌어야 하지 않을까요?

평생직장, 종신고용이 사라지면서 기업 또한 노동의 유연성이 점차 중요해지고 있습니다. 언제든지 필요한 인력을 고용하고 나갈 수 있도록 하는 것이 기업 입장에서도 유리하다는 뜻입니다. 일본 정부는 2020년부터 겸업과 부업을 하도록 장려하는 제도를 시행하고 있으며 구글과 페이스북을 비롯한 글로벌 기업 중 직원의 부업을 조건부로 허용하는 경우도 많다고 합니다. 당연히 회사에 피해를 주거나 정보 유출을 하는 것은 안 되지만 연관성이 없고 근무 외 시간에 하는 부업이라면 가능합니다. 국내의 경우 유튜버 겸업은 허용하는 추세입니다.

제2의 직업을 가진 사람을 '회사에 충실하지 못한 사람'이라고 생각하시나요? 기업의 인재상 또한 바뀌고 있으며 직업과의 경계가 허물어져 가는 시대입니다. 요즘은 5년만 지나면 오래된 지식이 됩니다. 시대의 변화를 읽지 못하고 익숙함, 과거의 시야에 갇혀 있는 사람이 과연 빠르게 변화하는 시장에서 회사에 올바른 방향을 제시할 수 있을까요? 계속 배우며 자신의 가치를 높이는 것이 기업과 개인이 함께 성장하는 길입니다. 개인이 또 다른 직업을 만드느라 회사에 소홀하란 뜻이 아닙니다. 회사 내에서 주어진 일에 소홀하며 책임감이 없는 사람이라면 회사 밖 혹독한 시장에서 살아남기는 더욱 어려우리라 생각합니다.

다만, 회사에만 모든 에너지를 쏟으며 한정된 시야에만 갇히는 것을 경계해야 하며 회사가 나를 평생 책임질 수 없다는 것을 인지하고 개인의 자생력을 키워야 합니다. 모든 생명이 결국은 죽음에 이르듯 직장인에게 퇴직은 필연입니다. '평생직장'이 없어진 시대에 '평생직업'을 만들어야 하는 N잡러는 선택이 아닌 필수가 아닐까요?

'좋아하는 일로 확장해 나가는 N잡러'는 다방면의 지식과 노하우를 축적할 수 있습니다. 다양한 환경과 장소에서 고민하고 생각하면서 뇌의 많은 부분을 사용하게 됩니다. 뇌과학에 따르면 좌뇌와 우뇌를 번갈아 사용하다 보면 다양한 문제를 연결해서 보는 통찰력이 풍부해짐에 따라 창의성도 높여준다고 합니다. 스스로 에너지와 자원을 잘 분배하는 연습을 한다면 본업의 업무 효율성을 높여주며 상호 간 시너지 효과도 얻을 수 있습니다.

2

직장인 N잡러가 슬기롭게
회사 생활하는 법

N잡러가 회사를 대하는 태도

20대 대학교 시절 저의 목표는 남들이 좋다고 하는 '좋은 회사'에 취업하는 것이었습니다. 공기업, 대기업 등 안정적인 회사에 입사해서 부모님께 자랑스러운 딸이 되고, 열심히 경력을 쌓아 '글로벌한 인재가 돼야지.'라는 포부로 한 대기업에 입사했습니다. 그렇다면 결혼도 하고 정년까지 인생에 큰 걱정이 없으리라 생각했습니다.

그토록 원하던 직업을 갖게 된 20대 중반, 고객 접점에서 업무를 시작했습니다. 경력 개발을 위해 외국어 공부, 독서와 운동을 꾸준히 하며 자기 계발을 했고 덕분에 원하는 직무 경험을 쌓을 수 있었습니다. 이후에는 마케팅팀에서 일하며 업무개선을 위한 RPA(로봇 자동화 프로세스) 도입 사내 공모에 1등을 했습니다. 공모 당시에는 "굳이 사람이 잘 하고 있는 걸 바꿔야 하나? 괜히 일만 더 생기는 거 아니야?"와 같은 부정적인 분위기였습니다. 사람은 익숙한 것을 좋아하고 첫 시도와 변화는 불편함을 감수해야 하는 것이기에 당연한 것일지도 모릅니다. 특히 이러나저러나 같은 월급을 받는 직장인의 입장은 그럴 수 있다고 생각합니다. 저는 일의 의미를 찾으며 성장하는 것이 중요하다고 생각했기에 팀의 다양한 업무에 RPA를 통한 프로세스 개선 방법을 찾을 수 있었고 이는 큰 업무 효율을 가져왔습니다.

불과 몇 년 사이에 당사뿐 아니라 시장 전반에 로봇 자동화 프로세스는 당연한 솔루션이 되었습니다. 변화의 속도는 점점 더 빨라지고 시대의 흐름이 점차 산업 전반에 걸쳐 디지털 트랜스포메이션화 된다고 생각했습니다. RPA 도입 경험과 산업에 대한 꾸준한 관심 덕분에 디지털 전환의 주축으로 IT기획을 하는 부서로 이동하게 되었습니다. 이렇게 저는 회사에서 다양한 업무를 통해 시야를 넓히며 배움의 태도를 잃지 않으려 합니다.

요즘은 모든 비즈니스가 IT로 연결되고 디지털 전환이 필수가 되는 시대입니다. 인공지능과 로봇으로 많은 일자리가 대체되지만, 점차 커질 시장은 IT 분야이므로 문과의 지식에 이과의 업무 스킬이 필요하다고 생각합니다. 많은 기업에서 직원들의 디지털과 IT역량을 강화하기 위해 투자하고 있습니다. 'IQ와 EQ를 균형 있게 갖춘 사람' 즉 문과와 이과의 학습력을 균형 있게 갖춘 인재일수록 업무와 비즈니스에 대한 이해도 높기에 기업에서 오래 일할 수 있는 인재상으로 보고 있습니다. 새로운 것을 계속 배우지 않으면 살아남을 수 없는 시대, 변화에 대응하지 못하고 기존 상태만 유지하려는 관성은 조직과 개인을 도태하게 만듭니다. 회사에서 저는 주로 직원과 고객이 익숙한 환경에서 벗어나 새로운 환경에 적응할 수 있도록 변화를 만드는 일을 하고 있습니다.

나의 본질을 잃지 않을 것

여기까지는 열심히 취업 준비를 해서 원하는 목표를 이루고 희망찬 경력을 쌓아가는 이야기였으나 사회생활은 그리 순탄하지 않았습니다. 회사는 주어진 공부를 성실히 하면 되는 학생 때와는 다르게 그동안 겪어보지 못했던 생태계였습니다. 어떤 상사와 동료를 만나느냐에 따라 달라지는 근무 환경, 사내 정치와 복잡한 이해관계, 시장 환경의 변화와 같은 외부요인 등 무수한 요인으로 굴러가는 언제 어떻게 변할지 모르는 전쟁터 같았습니다. 연차가 쌓일수록 '안정적인 한 직장에서 뼈를 묻어 멋진 커리어 우먼이 되겠다'는 부풀었던 꿈보다는 회의감이 찾아왔습니다. 그리고 의문에 대한 해답은 스스로 찾아야 했습니다.

'내 가치를 제대로 인정받고 있는 걸까?'

'이 월급이 나의 소중한 젊은 날에 많은 기회비용을 포기하는 가치가

맞을까? 나는 다른 것도 잘할 수 있을 것 같은데…'

저는 경쟁 사회에 익숙한 사람이 아니었습니다. 학창 시절부터 친구들과 두루두루 잘 지내고 싸움과 불화를 싫어해 중재하는 성격이었습니다. 또한 업무 능력이 특출난 사람도 아니었으며 내 성과를 내세우기보다는 공동의 이익을 위해 겸손하게 일해야 한다고 생각하는 편이었습니다. 내가 돋보이기 위해 남을 이용하고 깎아내리는 것 또한 싫었습니다. 월급을 받기 위해 매일 같은 공간에 출근하는 회사원들끼리 서로 배우며 즐겁게 일하고 싶은 저의 마음은 지나친 이상주의였을까요?

그렇게 혹독한 경쟁에서 살아남아 올라가 있는 상사들이 멋있어 보이진 않았습니다. 물론 한 자리를 오래 지키는 것은 분명 존경할 만한 일이라고 생각합니다. 하지만 1년 전에는 잘 나갔던 상사가 바로 다음 해는 대체되기도 하고, 월급을 받기 위해 좋아하지 않는 일을 꾸역꾸역 하며 회사에 갇혀 있는 사람들, 각자의 자리를 지키기 위해 고군분투하며, 부당한 지시에 거절하지 못하고 작은 이익을 위해 아등바등하는 모습들 또한 제가 그려온 모습은 아니었습니다.

'내가 원하는 가치 있는 삶이 무엇일까?' 계속해서 고민했습니다. 대기업이라는 타이틀과 복지, 안정감, 원하는 업무 경험 등의 장점도 많았지만 돈보다는 좋아하는 일을 선택했던 저에게는 노력에 비해 만족스럽지 않은 보상, 이상 현실과의 차이로 인한 괴리감, 더 나은 삶에 대한 욕구가 자리 잡고 있었습니다. 저의 N잡은 직장 생활에 대한 회의감과 자아실현 욕구로 시작하게 되었습니다.

'내 계획대로 흘러가지 않는 세상인데, 어떠한 사유로든 회사를 나온다면 무슨 일을 할 수 있을까?'

'내가 아는 게 전부는 아닐 텐데, 대한민국에 이름 있는 기업이라고 해봐야 정말 작은 울타리일 뿐인데, 또 다른 세상이 있지 않을까?'라는 생각을 안고 주체적으로 삶을 끌고 나가야겠다고 다짐했습니다.

세상은 점점 더 빠르게 변하고 SNS의 발달로 자기 PR의 시대, 퍼스널 브랜딩과 각자의 개성이 중시되고 있습니다. 회사라는 작은 울타리 속해서 언제든지 대체될 수 있는 도구가 아닌 '나만의 전문성'을 만들어야 했습니다. 세상은 넓고 인생은 길지만 회사 생활은 짧습니다. 내가 모르는 넓은 세상과 평생 배워도 끝이 없는 것들로 가득합니다. 그렇게 회사에서 받은 스트레스 해소와 더불어 나의 가치를 실현하기 위해 좋아하는 것들을 꾸준히 하다 보니 자연스럽게 N잡러가 되었습니다. 그리고 저의 부캐들은 회사 생활 또한 보다 여유를 갖고 할 수 있도록 도와주었습니다.

3

부캐를 직업으로
바꾸는 기술

요가는 패션과 다이어트에 관심이 많고 또 맛있는 음식을 먹는 걸 좋아해 시작하게 된 운동 중 하나였습니다. 평화주의자인 저는 경쟁 사회, 인간관계 속에서 알게 모르게 지친 심신을 요가로 위로받았습니다. 요가는 경쟁이 필요 없었고 지금 순간의 호흡과 동작에만 집중하며 고요히 머물 수 있었습니다. 수련을 통해 땀을 흘리고 나면 온몸의 에너지가 정화되는 느낌이 들었습니다. 회사 일이 마음대로 풀리지 않고 삶의 방향이 흔들리는 것 같을 때 요가를 조금 더 심층적으로 배우고 싶어, 요가지도자 자격증을 취득했습니다.

요가 자격증은 국가공인 자격증이 아닌 민간 자격증이라 본인이 원하는 스타일의 요가나 선생님에게 배워 자격심사를 받으면 됩니다. 사실 처음엔 자격증을 취득하면 오래 해온 취미생활의 마침표를 찍는 줄 알았습니다. 자격을 취득하는 것은 끝이 아닌 이제 출발선에 서게 된 새로운 시작일 뿐이었습니다.

다양한 종류의 요가(하타요가, 아쉬탕가 요가, 빈야사 요가 등)가 있고 강사마다 추구하는 방식, 수업 스타일도 달라 많은 공부와 수련, 센스, 경험치가 필요합니다. 자격증 취득 후 처음에는 대강(정규 수업을 맡은 선생님이 맡기는 대체 수업)을 통해 경험을 쌓아갔습니다. 어떻게 보면 1시간 대충 때우면 되는 수업으로 생각하는 경우도 있습니다. 1번 만나고 말지 모르는 분들이지만 최대한 성심성의껏 했습니다. 운동을 하러 오기까지가 얼마나 귀찮고 어려운 일인 줄 알기에, 저와 함께한 1시간이 '정말 보람되고, 오늘 정말 잘 왔다.'라는 생각이 들 수 있도록 했습니다. 수업이 끝나고 "수업 진짜 좋았어요.", "앞으로 선생님이 해주시는 거예요?", "선생님 또 언제 오세요?"라는 말 한마디가 "잘살고 있어."라고 위로해 주는 것 같았습니다.

힐링하는 N잡 부캐, 요가강사

내가 좋아하는 것을 가르쳐 주고 좋은 에너지를 나누며 긍정적인 방향으로 변하는 사람들을 보며 보람을 느꼈습니다. 취미로 꽤 오랜 시간을 수련해 온 덕분인지 비교적 자연스럽게 회원 니즈에 맞추어 수업 구성이 가능했습니다. 고정 수업을 제안하는 곳도 많았습니다. 정규 수업을 하면서는 티칭에 익숙해지고 여러 상황에 필요한 수업을 할 수 있게 되었습니다. 퇴근 후 '그냥 집에 가고 싶다'라는 생각이 들 때도 있었지만. '내가 좋아하는 운동을 함께 1시간 하면서 돈도 버네.'라고 생각하니 즐거웠고 또 다른 수입원이 생기는 것은 경제적인 것뿐 아니라 심리적 자존감 회복에 많은 도움이 됐습니다.

회사에서 좋지 않은 일이나 사람들의 말에 상처를 받으면 퇴근 후에도 종종 생각나서 괴로울 때가 많았습니다. 하지만 요가강사로 일을 하면서는 수업에 온 사람에게 최선의 집중을 했고 몸을 움직이다 보니 부정적인 기억을 금방 떨칠 수 있었습니다. 그렇게 저는 '분노 에너지'를 '생산 에너지'로 승화시키게 되었습니다. 덕분에 다음날 출근할 때는 다시 정화된 에너지로 업무에 임할 수 있었고, 회사에서 원하는 결과를 얻으려고 전전긍긍하며 매달리기보다 마음의 여유가 생기다 보니 '같이 일하고 싶은 동료'라는 평가와 더 좋은 인사고과도 받을 수 있었습니다.

저는 그룹 강의에서 하나의 아이디어를 더했습니다. 개인 지도나 소규모 클래스를 하면서 더 세밀하게 수업을 해주고 회원과 더 가까이 소통하면서 각자가 요가를 하는 목적에 맞는 맞춤 수업을 진행하기로 한 것입니다. 같은 요가를 하더라도 사람마다 체중 감량, 심신 안정의 힐링, 신체의 좋지 않은 부위를 보완하는 등의 다양한 목적이 있습니다. 그룹

보다는 개인의 목적에 맞게 그리고 회원의 입장에서 생각하며 강사로서 볼 수 있는 부분을 캐치해서 긍정적인 변화를 가져올 수 있도록 수업했습니다.

어깨가 심하게 굳어 혼자 속옷을 착용하기도 힘들었던 분이 목과 어깨가 편해져서 고맙다고 할 때, 체중 감량에 큰 도움이 됐다며 요가의 매력에 빠졌다고 하는 말들이 참 감사했습니다. '세상이 조금 더 아름다울 수 있도록 의미 있는 일을 하며 선한 영향을 주고 싶다.'라는 저의 가치관과도 맞는 듯했습니다. 때때로 기업의 야외 행사와 같은 색다른 공간에서 클래스를 지도하게 되면 또 다른 삶의 활력소와 이벤트가 되었고 일을 하러 갔지만 오히려 에너지를 받아왔습니다.

본캐와 부캐의 시너지 효과

어쩌다 본캐인 회사에서 상사의 칭찬 그리고 부캐인 요가를 지도하며 회원의 칭찬을 둘 다 받은 날이면 스스로가 대견했습니다. 하지만 어느 순간 수업에 익숙해지고 횟수가 잦아지던 시기에는 '내가 무슨 목적으로 요가를 하는 거지?'라는 생각이 찾아왔습니다. 단순히 부업으로 돈을 더 벌 목적으로 요가강사가 된 것은 아니었습니다. 회사 생활을 병행하며 안정적인 수입원을 확보하고 수업 횟수를 조절하며 '요가하는 본질의 가치'를 잃지 않으려고 했습니다. 그렇다 보니 한 분 한 분 정성스러운 수업을 해드릴 수 있었고 좋은 피드백을 받을 수 있었습니다. 최근에는 한층 더 성장하기 위해 배움을 이어가고 있습니다.

요가는 단순한 신체적 운동이 아니라 수련이라고 합니다. 종교는 아니지만 일종의 종교적 수행의 한 형태로 인도 6대 철학 체계 중의 하나입니다. 호흡으로 마음과 정신을 가다듬고, 건강한 식습관을 유지하는 것, 현재에 충실하며 필요 이상의 욕심을 버리는 것, 요동치는 마음을 고요하게 만드는 것 등 삶과 연계되어 수양하는 전 과정을 요가라고 생각합니다. 요가를 지도하며 일상, 회사 생활, 삶의 곳곳에 요가의 정신을 적용하려 하다 보니 전보다는 더 나은 방향으로 삶이 흘러가고 있었습니다.

치열하고 바쁜 직장인의 일상에서도 요가를 적용하는 연습을 계속했습니다. 요가 수행은 고통스러운 삶을 넘어 해탈에 이르는 일종의 실천 수행법입니다. 우리가 생각하는 요가 동작은 요가의 여러 단계 중 하나의 수단입니다. 궁극적인 요가의 목적은 신체적 건강은 물론 '마음의 조절과 안정으로 평온함을 찾는 것'이라고 할 수 있습니다. 철학자 알랭은 "진정한 성공이란 평화로운 마음 상태에 놓이는 것"이라고 했습니다.

업무를 하며 주어지는 크고 작은 스트레스 속 평정심을 찾으려 하는 연습, 현재 나에게 주어진 업무, 곁에 있는 상사, 동료에게 최선을 다했고 내가 가진 것에 감사할 수 있게 되었습니다. 이렇게 본캐와 부캐는 연결되어 시너지 작용을 했습니다. 현재도 역시 마음이 요동칠 때가 많지만 그 순간을 알아차릴 줄 알게 되었고 빈도 또한 줄었습니다. 그렇게 저는 평생 수련해 나가는 과정 자체를 즐길 줄 아는 한층 더 나은 사람이 되어가고 있습니다.

4

콘텐츠 생산자,
돈 됩니다

"내가 무엇을 좋아하는지, 어떤 삶을 살고 싶은지 끊임없이 고민해 보세요."

제가 N잡러가 되기 전과 후 그리고 앞으로도 잊지 않으려는 본질적인 물음입니다. 이것은 삶을 사는 동안 가장 중요한 질문이라고 생각합니다. 경제적인 수익도 중요하지만 당장 수입만을 추구하고, 성과만 내는 데 급급한 N잡러가 되는 것은 제가 원하는 방향이 아니었습니다.

내 일상과 소비를 콘텐츠로

요가를 통해 '진짜 나'를 찾아가는 과정, 지나가면 잊힐 순간과 감정을 기록하는 공간이 블로그였습니다. 또한 저는 뷰티, 패션에 관심이 많고 여행과 쇼핑으로 힐링하기를 좋아하는 평범한 직장인이었습니다. 그렇다 보니 자연스럽게 소비를 많이 하게 되는데 재테크나 투자에도 관심이 많았습니다. 기록하지 않으면 소비에 그치지만 기록을 통해 콘텐츠화 하면 소비가 아닌 투자 비용이 됩니다. 나아가 단순한 소비자가 아닌 '생산자의 관점'을 갖도록 해줍니다. 평소 제가 좋았던 물건이나 경험을 지인들에게 추천해 주면 만족해하는 경우가 많았고 긍정적인 피드백을 얻을 때면 뿌듯했습니다. 그러한 제 특성을 살려 소비한 물건과 경험들에 대한 솔직한 추천 리뷰를 남기기 시작했습니다.

저는 주변에 선한 영향을 주기를 좋아하는 사람이기에 저의 추천 리뷰가 좋아하는 브랜드의 홍보에 도움이 되어 사업주가 고마워하면 보람을 느꼈습니다. 그렇게 자연스럽게 블로그 마케팅을 하게 되었습니다. 또한 평소에 책의 좋은 구절을 담아두고 싶어 핸드폰으로 사진 촬영을 해 두는 편이었습니다. 점점 핸드폰 앨범이 쌓여가고 무슨 책을 찍었는지조차 모를정도로 정리가 되지 않는 모습을 발견했습니다. 이것 또한 블로그를 시작한 이유 중 하나였습니다. 나만의 기록장에 좋아하는 책 구절을 남겨 두었더니 필요할 때마다 꺼내 보기도 편리했습니다. 글을 쓰면서는 생각과 감정이 정리되었고, 평범한 일상이 촘촘하고 재밌게 느껴졌습니다. '적성에 맞는 것 같은데 이왕 하는 거 제대로 해볼까?' 싶은 마음이 들었고 '해야겠다'는 생각이 들면 재지 않고 바로 실천에 옮기는 편이라 "최소 3개월 동안은 1일 1 포스팅을 해라."라는 말을 듣고는 깊이 생각하지 않고 매일 쓰고 싶은 것을 썼습니다. 만약 전문 분야를 가진 사람이라면 특색 있는 전문 블로그를 키워 가는 데 더욱 유리할 수 있습니다. 하지만 저는 관심사가 다양한 평범한 30대 여자였고 삶을 살아가는데 뭐 하나만 하면서 살 수는 없는 일이었습니다.

즐겁게 기록하며 삶의 이벤트 만들기

하나의 분야를 정해서 강박적으로 하다 보면 어느 순간 콘텐츠가 떨어져 더 이상 포스팅을 하지 않는 순간이 오는 블로그도 많습니다. 이미 본업이 있는데 취미로 하는 블로그를 스트레스받으며 하고 싶지 않았고 주로 이동시간에 핸드폰을 이용해 가벼운 마음으로 기록했습니다. 일기를 쓰듯 기록하고 내가 쓴 물건들을 리뷰하며 포스팅하다 보니 어렵다는 생각이 들지는 않았지만, 하루도 빠짐없이 쓴다는 건 어려운 일이었습니다. 이웃 블로그를 방문하며 좋아요 를 누르고 답글을 다는 것도 시간이 꽤 소요됐습니다. 그리고 과거의 글을 보면 부끄러워 이불킥을 하고 싶기도 했습니다. 하지만 놀랍게도 1개월 정도 지나면서는 좋아했던 화장품 대표님의 선물이나 감사 편지도 받고, 작은 광고 수익도 생기기 시작했습니다. 성과가 보이니 즐거워서 더 재밌게 했습니다. 저는 이렇게 자연스럽게 SNS 마케터가 되었습니다.

제가 좋아하는 가수 Ed sheeran은 이렇게 이야기했습니다. "오래된 집에 수도꼭지를 틀면 10분간 더러운 물이 나오죠, 그러다가 깨끗한 물이 나와요. 안 좋은 걸 확실히 배출해야 비로소 맑은 물이 흐르거든요. 그러니 계속 쓰세요. 저도 처음에는 그랬어요. 초반에는 계속 안 좋은 곡만 써졌는데 계속 쓰다 보니 나중엔 좋은 곡이 나오더라고요, 중요한 건 지금 내가 쓰는 곡이 별로더라도 그걸 꼭 끝내야 한다는 것입니다."

꾸준히 포스팅을 하다 보니 삶에 다양한 이벤트들이 생겼습니다. 좋아하는 요가복 브랜드와의 협업, 각종 뷰티, 패션 리뷰 1등으로 100만 원 상당의 화장품, 신혼여행 후기 1등으로 100만 원 상금과 같이 생각지 못한 부가적인 수익이 생기기도 했습니다. 그뿐만 아니라 늘 지출하느라 바빴던 화장품, 미용실, 메이크업, 촬영, 운동복, 네일아트, 심지어 강아지 용품에도 지출할 필요가 거의 없어졌습니다. 미용실을 한 번 가도 20~30만 원씩 나가는 게 허다했었고, 직장인의 월급으로 몇백만 원 상당의 피부과에 소비하는 것도 부담되기는 마찬가지였습니다. 꾸준한 포스팅 활동은 직장 생활을 하며 쓸 수밖에 없는 품위유지비, 자기관리 비용을 절약하게 해주어 재테크에도 많은 도움이 됐습니다.

내가 좋아하고 필요한 경험을 하면서 콘텐츠의 생산자가 될 수 있으니 즐거웠습니다. 이 전에는 생각지 못하던 세계였습니다. 한다고 모두 다 되는 것은 아니지만 아무것도 하지 않으면 아무 일도 일어나지 않습니다. '그냥 공짜로 받아야지'가 아니라, 애초에 나와 맞지 않을 것 같은 협찬은 받지 않았고 허위로 좋다고 쓰는 광고는 하지 않았습니다. 나에게 맞는 서비스를 선택하고 받은 만큼 '이 사람에게 의뢰 잘했다.'라는 생각이 들도록 성심성의껏 포스팅했습니다. 최대한 좋은 점을 찾고 진심과 감정을 담아 말하듯이 쓸 수 있는 능력이 필요합니다. 원고료를 받기 위해 사업주의 입맛에 맞게 홍보하는 제의는 거절했습니다. 그 또한 제가 추구하는 N잡러의 본질이 아닌, 돈을 받기 위해 사업주에게 종속되는 또 다른 방법일 뿐이니까요. 오랫동안 저의 삶과 감정들을 보관해 주는 소중한 나만의 기록장으로 소통하고 싶었습니다.

퍼스널브랜딩, 인생은 속도가 아닌 방향

블로그가 어느 정도 성장한 후에는 다른 SNS도 운영해 보면서 여러 플랫폼에 씨앗을 뿌리려고 했습니다. 저는 팔로워가 수천, 만 명에 달하는 사람은 아닙니다. 단순히 숫자만 늘리는 게 중요하다고 생각하지 않습니다. 팔로워, 이웃인 사람이 2천 명이라고 가정할 때, 그중 과연 나의 진짜 팬, 만약 내가 무언가를 판매하고 소개할 때 '나라는 사람'을 믿고 구매해 줄 사람이 몇 명이나 될까요?

느리더라도 견고하고 오랫동안 나아가는 방향이 좋다고 생각합니다. 당장은 성과가 없는 듯한 채널도 있었지만, 플랫폼별 특성을 파악하고 콘텐츠 생산자의 입장에서 새로운 시장에 대해 배워가는 과정이라고 생각했습니다. N잡 또한 '나 자신'에 대한 콘텐츠와 브랜딩을 만들어 가는 과정입니다. 느리더라도 즐겁게, 오랫동안 내가 진짜 추구하는 것을 찾아가는 건 어떨까요?

5

생각하는 대로 이루는
확장형 삶

N잡러의 장점과 단점?

이제 저의 경험을 바탕으로 이 책을 쓰면서 작가라는 새로운 직업도 생겼습니다. 그리고 앞으로도 파생되어 할 수 있는 일과 직업들은 많다고 생각합니다. 나의 한계를 정하지 않고 좋아하고 관심 가는 일은 도전해 보려고 합니다.

N잡러는 다양한 기회와 가능성을 가지고 있기 때문에 어느 한 분야에서 일이 풀리지 않더라도 '그래 아직은 때가 아닌가 보다.', '다른 게 더 잘되겠지.'라는 마음가짐으로 내 중심과 방향을 지키며 살아갈 수 있습니

다. 다양한 경험으로 더 많은 콘텐츠를 생산할 수 있습니다.

누구나 자신이 가지고 있는 경험과 스토리를 콘텐츠로 만들 수 있습니다. 특출 난 게 없어서가 아니라 너무 오래 고민하고 실행하지 않아서 못 하는 것입니다. 평범한 직장인도 내가 좋아하는 것을 시작하고 지속한다면 충분히 N잡러가 될 수 있습니다.

4차 산업혁명으로 세상은 점점 빠르게 변화하고 직업의 경계가 허물어지는 초융합의 시대에서 N잡러는 사회 트렌드가 되었습니다. N잡러의 장점은 위에서도 말했지만, 무수히 많습니다. 서로 다른 분야의 일은 다방면의 뇌 사용을 도와 지능을 높여줄 뿐 아니라 더 폭넓은 견해와 상호 간의 시너지 효과를 가져다줍니다. 한 우물만 파서 대체할 수 없는 독보적인 전문성을 가지면 정말 좋지만, 저와 같이 평범한 사람은 쉽지 않습니다. 여러 가지 일은 단면만 보면 전혀 달라 보일지 몰라도 서로 연결되는 부분이 많습니다. 하나의 일이 잘 풀리지 않을 땐 다른 일로 환기를 시키다 보면 아이디어가 떠오르기도 합니다.

회사에서 해결책이 떠오르지 않을 때 거기에 매몰되어 있기보다는 산책이나 요가로 머리를 비우다 보면 더 좋은 방향이 떠오릅니다. 업무를 하며 쌓아가는 관계와 경험들은 다양한 소재를 만들어 줍니다. 또한 현대인으로 살아가며 수양하는 요가와 공부는 사람들과 소통하며 공감하는 데 더욱 도움이 됩니다. 무엇보다 하나에 매달리지 않게 되니 조금 더 마음의 여유를 가지고 쿨하게, 더 즐겁게 할 수 있습니다. 그래서 저는 자신 있게 말할 수 있습니다. "N잡러의 삶은 안정적인 수입을 기반으로

나의 가치를 실현할 수 있어요."라고 말이죠.

제가 만약, 섣불리 회사의 안정적인 수입원을 포기하고 생계형으로 다른 일에 매달렸다면, 즐거웠던 그 일은 고통스러웠을 겁니다. 돈을 벌기 위해 힘든 시간을 보내는 것이 아니라 내가 좋아하는 일들로 '내 가치를 실현하다 보면 부가적인 돈은 따라오는 것'이 제가 생각하는 'N잡러의 삶'입니다. 또한 본업 외에는 스스로 일의 양을 조절할 수 있습니다. 괜찮을 땐 조금 더 시간을 투자하고 여건이 되지 않을 땐 덜 할 수 있다는 것, 우선순위를 나의 상황에 맞게 조절할 수 있습니다. 반면에 퇴근 후 친구들과 술 마시는 시간, 넷플릭스를 보는 시간은 줄여야 할 수 있습니다. 더욱 부지런해야 하고, 시간 관리를 잘해야 합니다. 더 나은 아웃풋을 위한 지속적인 인풋도 필요합니다. 하지만 저는 좋아하는 일을 하기에 그 시간이 즐겁고 그로 인해 삶의 행복감을 많이 느낍니다.

'1만 시간의 법칙'이라는 말처럼 하나에 전문가가 되려면 그만큼 많은 시간 투자가 필요합니다. 하나에 많은 자원을 투자할 수 있는 것과는 달리 N잡러로 살다 보면 그만큼 시간, 비용 등 에너지 자원이 나눠지기 때문에 원하는 결과가 조금 늦게 나타날 수 있습니다. 하지만 한 가지에만 매몰되어 시간과 에너지를 쓴다고 꼭 좋은 결과가 빠르게 나타나는 것은 아닙니다. 여러 가지의 길이 있으며 모든 것은 유기적으로 연결되어 있다고 생각하기에 어떤 것에서도 아이디어를 얻을 수 있습니다. 저 또한 하나에 빠른 성과를 이루는 사람을 보면 부러울 때가 있습니다. 회사에서 승승장구하는 직장인, 매일 요가와 가깝게 생활하며 어려운 동작도

술술 하는 요기, 디지털 노마드의 삶을 자유롭게 사는 사람, 출간 작업에 많은 시간을 투자하는 작가님들을 통해 저는 건강한 자극과 인사이트를 받습니다. 이는 제가 한 층 더 나아가는 데 도움이 됩니다.

한계를 정하지 않는 N잡러, 최종 목표는?

하나를 달성하면 또 다른 목표가 생기고, 자기 검증엔 끝이 없습니다. 고등학생 때는 입시가, 대학에 가서는 취업만 하면 문제가 해결될 것 같고 목표한 무언가를 이루면 괜찮아질 듯하지만, 막상 달성하면 또 다른 시작과 문제들이 기다리고 이 또한 별것 없다는 것을 깨닫습니다. 그렇게 앞만 보며 달려가는 삶의 끝에는 허무함이 남는다고 합니다. 결국에 나에게 주어진 오늘에 최선을 다하며 생각하는 대로 흘러가는 과정 자체를 즐기는 것이 행복의 비결이라고 생각합니다. 그렇기에 어디까지 도달하고 싶은지를 바라보며 현재의 노력에 고통을 가하지 않으려고 합니다. 멈추지만 않고 즐겁게 흘러가려 합니다. 여러 분야의 일을 병행하며 남들이 볼 수 없는 시야와 나만의 스토리가 누적되고 있다고 생각합니다.

결국엔 어떠한 상황에서도 다양한 선택권을 가지고 '내가 정말 가치 있게 생각하는 일'들로 시간을 보내며, 세상을 조금 더 아름답게 만들 수 있는 경제적 시간적 여유를 가진 삶을 살고 싶습니다.

느린 것이 아닌 멈춰 있는 것을 경계해야 합니다. 몇 년 하다가 말 단기적인 일이 아니라 평생 할 나의 취미이자 직업들이니 당장 빠른 결과를 보려고 조급해 하지 않으려 합니다. 이 또한 저의 직업 중 하나인 '요가를 적용하는 삶'입니다. 결과가 나타나지 않고 느리다고 생각한 적도 있었지만 결국 생각하는 대로 삶은 흘러가고 있었습니다.

재지 말고 일단 시도할 것

이 글을 읽은 독자분들도 좋아하고 관심 가는 것이 있다면 일단 시작해 보세요. 어떤 사안이든 부정적인 시각으로 바라보며 핑계와 변명을 찾는 사람들이 있습니다. 일단 해보는 것과 아닌 것은 천지 차이입니다. 설사 실패하더라도 얻는게 있습니다. 남들이 좋다고 하는 것만 이리저리 따라 하거나 거대한 목표를 세워 너무 잘하려고 하지 말고 나만의 것을 즐겁게 하시길 추천하고 싶습니다. 갑자기 운동을 매일 1시간씩 하겠다고 하며 부상을 입거나 금방 지쳐버리는 것 말고, 하루 5분, 10분, 15분씩만 해보는 것, 좋아하는 무엇이라도 조금씩 기록하는 것으로 시작해 보시길 바랍니다.

제가 N잡러가 될 수 있었던 건, 좋아하는 걸 꾸준히 해왔던 것 그리고 해보고 싶다는 느낌이 오면 재지 않고 일단 실행했기 때문입니다. 내가 직접 경험해 보는 것과 생각만 하는 것은 천지 차이입니다. 어차피 다른 일도 할 수 있으니 잘 안돼도 괜찮습니다.

"일단 해보자, 안 돼도 어쩔 수 없고."라는 여유를 가질 수 있는 게 N잡러의 특권 아닐까요?

제멋대로 사는 N잡러

김민조

제멋대로 사는 N잡러

(김민조)

1

운명과 마주할
용기

내 삶은 왜 이리 불안할까요?

한국으로 돌아오는 비행기 안, 남미 안데스산맥이 보이는 창밖의 풍경은 무척이나 아름다웠습니다. 하지만 이 풍경에 감탄하기도 어려울 만큼 귀국 중인 내 몸과 마음은 너무나도 많이 망가져 있었고 지쳐 있었습니다. 무엇보다 할 수 있는 것이 아무것도 없다는 사실에 더 절망적이었습니다. 언제부터 이렇게 된 것일까요.

정확히 서른이 되던 해, 저는 이민의 꿈을 꾸며 머나먼 미지의 나라 칠레로 향했습니다. 그곳에서 워킹홀리데이 비자로 정말 많은 것들을 경험했습니다. 평생 꿈꾸던 남미 일주 여행도 했고, 현지 채용이 되어 자연스레 스페인어를 배울 수 있었습니다. 그 과정에서 뜨거워진 케이팝의 열기와 한국 사람들에 대한 환대를 직접 느꼈습니다. 무엇보다 'MADE IN KOREA'에 열광하는 이들을 직접 마주하며 이곳에서 무언가를 해보자는 결심이 들었습니다. 그렇게 한국인 이민자들이 만든 스타트업 팀에 합류해 칠레 아타카마 사막에서 사업을 준비하기에 이르렀습니다.

열정을 불태우며 시작했지만 불규칙한 식습관, 온도 차가 심한 기후, 혹은 다른 문화권에 대한 스트레스 때문에 목디스크가 심해졌습니다. 급기야 오른손 끝이 저릿해 잠을 못 자는 지경까지 오고야 말았습니다. 한 달 동안 현지 병원과 한인 한의원을 다니며 노력했지만 도저히 나아질 기미가 보이지 않았습니다. 조급한 마음에 곧바로 한국으로 떠나는 비행기를 끊고 갑작스레 귀국하게 되었습니다. 하고 싶은 많은 일들이 있었지만 좌절된 나에게 실망했고 자책했습니다.

'난 그저 내 가슴이 원하는 일, 온전히 내 선택으로 점철된 삶을 살아내고 싶었던 것뿐인데….' 어쩔 수 없는 것들이었지만 모든 게 나의 잘못된 선택 때문이라는 생각이 스스로를 더 힘들게 했습니다. 몸이 아프니 다시 칠레로 돌아가 사업을 준비하는 것조차 두려워졌습니다. 다시 한번 실패할까 봐, 나에게 자책하는 순간을 또 한 번 맞닥뜨리게 될까 봐 그렇게 저의 꿈이자 희망이었던 남미로부터 도망치듯 벗어났습니다.

막막한 방황 속에서 입사한 곳은 트레킹 여행사였습니다. 남미 전문가로서의 인솔 업무를 맡았지만 1년 만에 또다시 코로나라는 벽에 막혀 길을 잃기 시작했습니다. 다니던 여행사에는 국내 프로그램이 전혀 없던 상황이었기에 대표님을 포함한 모든 직원이 힘든 시기를 맞이했습니다. 또다시 외부적인 요인으로 인해 미래가 불투명한 상황을 마주했고, 남미에서 도망쳤던 때처럼 제가 할 수 있는 건 아무것도 없었습니다.

그래도 한 번 겪어본 위기라 그런지 마음의 평안을 되찾기 위해 노력했습니다. 먼저 불가항력적으로 내가 할 수 없는 것과 지금 상황에서 할 수 있는 것들을 써 내려갔습니다. 그리고 '기왕 이렇게 된 것이라면 하고 싶었던 유튜브나 해보자'고 마음 먹고 유튜브 채널을 열었습니다. 칠레 워킹홀리데이 시절 글과 영상 콘텐츠를 부지런히 남겨 놓았던 덕분에 처음 치고는 덜 부담스럽게 시작할 수 있었습니다. 훗날 이 작은 시작이 내 인생을 어떻게 바꿀지 전혀 예상하지 못했습니다.

우연히 찾아온 기회, 그리고 용기

코로나 팬데믹 이전부터 사회적으로 점점 짧아지고 있는 명퇴 시기, 불안해진 평생직장에 대한 논의들이 나오고 있었습니다. 부캐, 사이드 잡, 디지털노마드, N잡 등이 부각되기 시작하면서 저 역시 관심이 있었습니다. 그리고 코로나로 자연스레 시작된 예비 N잡러 생활은 생각보다 꽤 잘 맞았습니다. 당시 재택근무가 많아진 덕분에 평소에 바빠서 배우지 못했던 것들과 하고 싶었던 것들을 하나씩 해보기 시작했습니다. '내일 배움 카드'로 한국어 교원 자격증 준비반 수업을 들었고, 유튜브 콘텐츠 기획을 하고 촬영했습니다. 코로나 영향으로 소득은 줄었지만 넘쳐나는 시간을 SNS 콘텐츠 기획에 투자했고, 점점 콘텐츠 소비자에서 생산자로 바뀌어 갔습니다.

유튜브를 한다고 해서 곧바로 일정한 수익이 날 리 만무했습니다. 시간이 필요한 일임을 깨달았고 이에 적극적으로 나섰습니다. 콘텐츠를 홍보하기 위해 '유튜브와 페이스북 방송'을 시작했고, 그 과정에서 저의 장단점이 뚜렷이 보이기 시작했습니다. 방송 경험이 누적되자 사람들에게 편하게 다가가기 위해 단점을 굳이 드러내지 않고 나의 장점을 어필하는 여러 방법들도 조금씩 터득해나갔습니다.

너무 노골적으로 자신의 콘텐츠나 채널을 홍보하면 사람들이 귀신같이 알아채거나 혹은 지루해하며 다음번 라이브 방송에 참여하지 않는 것도 몸소 깨달았습니다. 대신 '노출 효과'를 이용해 일정한 시간대에 지속적으로 방송하며 일상적인 소통도 하고, 함께 울고 웃으며 시간이 쌓이니 자연스레 커뮤니티가 만들어졌습니다. 이제는 굳이 제가 홍보해 달라고 부탁하지 않아도 자발적으로 사람들이 링크를 공유하고, 퍼다 나르며 콘텐츠를 대신 알려주기 시작했습니다.

점차 라이브 방송에 재미를 조금씩 붙여나갔지만 1년 반이 지난 시점에도 여전히 유튜브 채널 수익은 0에 가까웠습니다. 함께 시작했던 동종 업계 유튜버들도 하나둘씩 홀연히 사라졌습니다. 저도 그렇게 어느 순간 힘을 잃게 될까 봐 무서웠습니다. 늘 꿈만 많은 채 쉽게 포기하고 마는, 그리고는 남들에게 떳떳한 척 '나와 맞지 않더라'는 변명을 늘어놓을까 봐 어느 순간 무서웠던 것입니다. 평생 그렇게 살아갈 것 같다는 생각도 들었습니다. 그래서 '무언가를 지치지 않고 지속 가능하게 할 수 있는 방법이 뭘까' 고민하고 또 고민하며 사람들에게 묻고 또 묻기 시작했습니다.

N잡러, 언제 시작하면 좋을까?

시작은 미미했지만 좋아하는 것들을 조금씩 해내며 'N잡러'가 될 준비를 하고 있었습니다. 평소 월급쟁이가 아닌 '내 일을 하고 싶다'는 생각을 강하게 하고 있었지만 엄두가 나지 않았습니다. 오히려 코로나와 같은 특별한 시기가 아니었다면 저의 출발이 훨씬 더디거나 힘들었을지 모릅니다. 그러니 여러분들에게도 기회는 언제 어떻게 올지 모릅니다. 무엇보다 가장 중요한 건 '내가 지속가능하게 하고자 하는 의지'라고 생각합니다. 여러분은 여러분이 좋아하는 일을 할 마음의 준비가 되어 있습니까? 여러분은 타인이 아닌, 스스로에게 나를 맡길 욕망을 가지고 있습니까? 용기는 불안함을 느끼지 않는 것이 아니라, 그럼에도 불구하고 한 발짝 내딛는 것입니다. 그렇게 저 역시도 삶의 불안정 속에서 조금씩 용기를 내기 시작했습니다.

2

때론 무모한 도전도
필요하다

꾸준히 하다 보니 도미노처럼 일이 벌어지다

첫 유튜브 채널의 콘텐츠는 케이팝 노래를 번역해 남미권 사람들에게 한국의 문화를 알려주는 것이었습니다. 인스타그램에는 이미지 중심의 콘텐츠를 만들어 열심히 올렸습니다. 처음에는 사람들의 반응에 상관없이 즐겼습니다. 콘텐츠를 제작하며 코로나로 여행이 고픈 때 '대리 여행' 기분도 느낄 수 있었고 지구 반대편 사람들을 만나서 그들의 삶에 녹아든다는 생각에 신나기만 했습니다. 무엇보다 회사에서 주어진 업무를 억지로 해내는 게 아니라, 스스로 방법을 찾아서 하는 게 기뻤습니다. 그래서 제일 재밌게 할 수 있었고 지속적으로 할 수 있었다고 확신합니다. 하지만 시간이 지나니 숫자에 연연하게 되고 이번 주에 조회수가 높거나 반응이 좋으면 늘 그다음 주는 우울감도 함께 밀려오기도 했습니다. '그저 온전히 즐기자'고 다짐했건만, 집착은 쉽게 버려지지 않았습니다. 그도 그럴 것이 본업에 대한 고용 불안감이 늘 있었고 압박감도 컸기 때문입니다. 내심 이 길이 아니다 싶으면 얼른 갈아탈 준비를 하려 한 것입니다.

방법을 바꿔 보기로 마음먹었습니다. 가게를 개점하면 거리로 나가 전단지를 돌리듯, 내 콘텐츠에 관심 있어 할 만한 커뮤니티를 찾아 나열했습니다. 이후 그곳에 저를 소개하고 계속해서 콘텐츠 링크를 홍보했습니다. 개중에는 대놓고 홍보만 하는 나를 차단하기도 해 상처도 받았습니다. 하지만 그런 일들이 반복되고 나니 점차 '그저 나랑 맞지 않았던 곳이구나.' 하고 넘길 수 있게 되었습니다. 동시에 틈날 때마다 방송을 켜서 청취자들과 스페인어로 농담을 주고받거나, 청취자들에 한국 이름을 지어주는 등 친해지려 노력했습니다. 그러자 조금씩 내 영상에 반응하기 시작했고 커뮤니티에 사람들이 모이기 시작했습니다. 나중에는 홍보를 도와주는 친구들도 생기게 되었습니다. 참 큰 힘이 되어준 그들에게 왜 나와 함께 시간을 보내는지 자주 묻기 시작했습니다. 그들에게 고마운 마음만큼 나도 그들에게 힘이 되어 주고 싶다는 말도 항상 전했습니다. 결국 그들의 가장 큰 니즈는 바로 '한국 드라마나 노래를 자막 없이 보는 것'이라는 걸 알게 되었습니다. 친구들의 피드백을 반영해 바로 '한국어 표현을 쉽게 알려주는 콘텐츠'도 함께 만들기 시작했습니다.

『타이탄의 도구들』이라는 책에서 저자 팀 페리스는 '1,000명의 진정한 팬을 확보하라'고 합니다. "결국 성공은 이 1,000명의 사람을 지극히 행복하게 해주는 것에서 시작하면 된다."는 것입니다. 그 구절을 읽고 그날부터 1,000명의 '찐친'들을 위해 무엇을 할 수 있을지 고민했고, 답이 나오진 않을 때는 꾸준하게 묻고 답하며 서로의 니즈를 찾아 나갔습니다. 그렇게 만들어진 게 온라인 한국어 강의였습니다.

본격적으로 온라인 강사 일를 시작하다

처음에는 경험을 쌓기 위해 무료 강의를 열었습니다. 그들이 필요로 하는 것을 어떻게 적재적소에 제공하며 큰 효과를 낼 수 있을지 고민했습니다. 그 과정에서 가장 힘들었던 건 '내가 시간을 내서 무료로 수업을 진행하는데, 많은 사람들이 와야 할 텐데.' 하는 기대치였습니다. 늘 그런 기대를 할 때면 실망감은 배로 돌아오기도 했습니다. 그런 일들을 몇 번 겪고 나니 마음을 비우게 되었습니다. 늘 초심을 잃지 않으려 노력했고 다양한 방법으로 다양한 커뮤니티에서 무료 강의를 2, 3달 동안 꾸준히 진행했습니다.

운 좋게도 나의 이런 방송을 보고 칠레에 있던 어학원 원장님이 메시지를 보내셨습니다. 한국어 강사가 필요한데 반을 맡아줄 수 없겠냐고 부탁하신 것입니다. 하지만 아직 강의를 제대로 해 본 경험이 없기에 정중히 거절했습니다. 그런데도 본인이 직접 도와주시겠다며 힘을 주셨습니다. 그렇게 운 좋게 시급을 받고, 첫 강의를 비교적 순조롭게 시작할 수 있었습니다. 처음이 어렵지 몇 번 수업하고 나니 온라인 수업이 어떻게 돌아가는지 알 수 있었습니다. SNS 계정을 개설해 꾸준하게 한국어 관련 콘텐츠를 올려 팔로워를 늘리고, 어느 순간 도달했을 때 수업 공지를 띄우고 구글 폼으로 신청서를 받습니다. 페이팔 등 결제 시스템을 이용해 수수료를 지불하면 지구 반대편에서 수강료를 받을 수 있습니다. 이후 왓츠앱 등 앱을 이용해 수강자들을 위한 단체방을 만들어 수업을 공지하고 줌 링크를 보냅니다. 그래서 학원 수업을 하면서 동시에 제 계정을 따로 만들어 한국어 콘텐츠를 또 올리며 팔로워 수를 모으기 시작했습니다. 마찬가지로 새로운 책과 커리큘럼을 만들어 수업을 시작했습니다. 그리고 지금은 2가지를 모두 병행하며 안정적인 수입원 중 하나로 만들었습니다.

만약 내가 그들의 요구를 알아채지 못하고 아무것도 하지 않았다면? 당연히 아무 일도 일어나지 않았을 것입니다. 처음에는 경험도 없고 정말 막막했습니다. 그런데도 무언가를 하려 노력했더니 주위에서 도와주기 시작했습니다. 아무 일도 하지 않으면 아무 일도 일어나지 않습니다. 그 반대말은 무언가라도 하면, 무슨 일이라도 일어난다는 것이었습니다.

나는 어떤 N잡러가 될 수 있을까?

세상에는 다양한 종류의 N잡러가 존재합니다. 저처럼 지식이나 경험을 제공하며 강의하는 경우, 자본의 리스크가 없는 '플랫폼'에 연결해 시작할 수 있습니다. 또한 크라우드 펀딩은 초기 자본이나 투자 없이, 플랫폼 내에서 후원받아 초보자도 쉽게 도전할 수 있습니다. 물론 그만큼 사업성이 낮고 후원 모객에 실패한 경우 프로젝트가 종료로 이어진다는 단점도 있습니다. 그렇지만 누구나 아이디어만 있으면 도전할 수 있습니다. 하다못해 요즘은 온라인 상점과도 같은 SNS 계정에 꾸준히 글과 사진, 영상을 올려 사람들을 모은 다음 자신의 물건과 서비스를 팔기도 합니다. 이른바 '공동 구매의 시대'이며, 그 외에 방법과 수는 무궁무진합니다.

또한 노하우나 지식, 경험 등의 무형물을 콘텐츠로 판매하기 위해서는 '클래스 101'같은 강의 플랫폼 또는 PDF 전자책 출판 방법도 있습니다. 물론 초반의 영상 작업이나 콘텐츠화 작업이 쉽지는 않습니다. 하지만 한번 해 놓으면 자동화할 수 있다는 장점이 있으며, 다른 강의로 이어질 수 있습니다. 제품이라면 '크라우디, 와디즈, 스마트스토어' 같은 온라인 플랫폼과 프리마켓 같은 오프라인 플랫폼에서도 판매 가능합니다.

과연 나는 미래에 어떤 유형의 N잡러가 되어 지속 가능한 수익을 낼 수 있을지 여러 번 그려보는 것도 중요합니다. 여러분들이 꿈꾸는 N잡러는 어떤 모습인가요? 그리고 그것으로 수익을 창출하기 위해서 가장 먼저 해야 할 일은 무엇일까요?

3

무엇이든 꾸준히 하면
직업이 된다

평일 오전, 온라인으로 한국어 수업을 하고 난 뒤 여느 때처럼 카페에서 일하기 위해 집을 나섰습니다. 그날따라 햇살은 눈부셨고, 덕분에 마음도 따스해졌습니다. 그 순간 '아, 출퇴근 시간에 치여 회사에 가던 나의 모습과는 정말 다르구나.' 하는 생각을 했습니다. 언제든 내 시간을 자유롭게 쓸 수 있다는 사실이, 지금은 비록 미약하지만 미래의 큰 꿈을 품을 수 있고 희망할 수 있다는 사실이 감사하고 특별하게 느껴졌습니다. 물론 모든 선택에는 명암이 존재하듯 가끔 N잡러의 삶이 불안할 때도 있습니다. 그럼에도 불구하고 자신의 삶을 스스로 개척할 수 있다면, 그 선택에 있어서 누구보다 스스로 응원해 줘야 한다고 생각했습니다.

직장 생활 역시 불안하기는 마찬가지입니다. 평생직장의 개념은 사라진 지 오래되었고 4, 50대가 되면 어쩔 수 없이 퇴직을 준비해야 하는 상황을 맞이합니다. 특히나 코로나로 인해 전 세계는 패닉 상태에 빠졌고 세상에 나를 지켜줄 건 나 자신뿐이라는 생각이 강해졌습니다. 저는 한국어 강사를 하며 퇴사를 준비했고 운 좋게 실업급여를 받을 수 있는 상황이 되었습니다. 그렇지만 그것 역시 임시방편이었고 한국어 수업만으로 생계를 잇기에는 한계가 있었습니다. 그래서 두 번째로 생각했던 파이프라인이 바로 여행 가이드 서비스였습니다.

남미 친구들이 한국어 다음으로 가장 관심을 가지는 게 바로 '한국 여행'입니다. 주로 비자나 여행경비, 맛집이나 드라마 촬영 장소를 가는 방법 등이었습니다. 친구들에게 저도 몰랐던 것들을 하나씩 찾아 알려주었습니다. 그 과정에서 한국에서 살아가는 우리에게 일상적이고 당연한 것들이, 지구 반대편에 있는 누군가에게는 평생 꿈꾸는 그 무언가 될 수 있다는 사실이 참 신기했습니다. 그래서 일상적인 것들을 일상적이지 않게, 그들의 시선으로 주위를 둘러보았습니다. 이것을 영상으로 짧게 찍어 주기적으로 SNS 계정에 올리기 시작했습니다.

과연 외국인들은 한국의 전통문화가 담긴 경복궁 사진을 좋아할까요? 아니면 신촌의 한글과 영어가 난무하는 네온사인이 나온 길거리 사진을 좋아할까요? 전 당연히 전자라고 생각했지만 실제로 콘텐츠를 올리다 보니 후자가 반응이 더 좋다는 것을 알 수 있었습니다. 물론 표준 집단이 다를 수도 있겠지만, 적어도 나를 봐주는 나의 친구들에게는 '신촌의 술

집 길거리 사진이 더 반응이 좋다'는 정보를 얻을 수 있었습니다. 이러한 정보는 한 번에 얻어지는 것이 아닌, 다양한 방식으로 시도하고 꾸준히 모아야 했습니다. 그렇게 일상 콘텐츠 업로드를 하루 이틀 간격으로 석 달을 꾸준하게 올리니 점점 저를 한국 여행 전문가로 생각하며 한국 여행에 대해 물어보는 친구들이 늘어났습니다. 그럴수록 그들의 반복되는 질문들을 허투루 지나치지 않고 자료화해, 다음 콘텐츠의 소재로 활용했습니다.

콘텐츠를 소비하는 소비자 입장에서는 늘 새로운 것들을 원합니다. 그러니 크리에이터들 역시 계속해서 새로운 형태의 영상을 올려야 합니다. 꾸준하게 더 많은 정보를 전달 혹은 다양한 모습을 보여주어야 관심을 끌 수 있습니다. 제 콘텐츠는 정보성이 강하기 때문에 조금씩 콘텐츠에 장소 위치 정보나 입장료, 특이점들을 간략하게 써 올렸습니다. 그러면서 동시에 그들이 요구했던 가이드 서비스를 준비해 가기 시작했습니다.

좋아하는 것으로 돈 벌기

여행 가이드 서비스를 계획하면서 가장 먼저 생각했던 것이 바로 '철저히 여행자의 입장이 되어보자.'였습니다. 저 역시 20대 때부터 배낭여행에 빠져 아프리카를 비롯한 남미, 아시아, 유럽 등 30개국 넘게 여행했습니다. 그때마다 늘 현지인에게 직접 그들의 역사나 다양한 이야기들을 들으며 여행하는 방법을 찾곤 했었는데 이들에게도 이런 역할을 해줄 수 있을 것 같은 자신감이 생겼습니다. 그리고 늘 처음이 중요하니 시간과 돈을 투자해 한국에 거주하는 외국인 친구들과 먼저 여행하며 이것저것 의견을 물었습니다. 함께 여행하는 동안 최대한 많이 사진과 영상을 찍어 홍보에 활용했습니다. 이 또한 일이 아닌 외국인 친구들과 놀며 재밌게 했습니다. 그러니 오히려 좋은 에너지를 전달할 수 있었습니다. 더불어 그들이 모르는 것들을 알려주며 도와준다는 행복감이 크게 느껴졌습니다.

그러한 저의 감정이 콘텐츠에 묻어났는지 사람들이 댓글을 달며 반응을 보이기 시작했습니다. 아니나 다를까 코로나 상황이 점점 나아지자 그간 참아왔던 한국 여행이 봇물 터지듯 늘어나기 시작했습니다. 자연스레 저에게 가이드 문의가 늘어났습니다. '나 이번에 한국 가는데, 어디가 좋아? 어디가 맛집이야? 여긴 어떻게 공짜로 입장할 수 있지?' 모두 저의 콘텐츠를 꾸준히 보며 반응했던 친구들이 실제로 한국에 온다며 메시지를 보내기 시작한 것입니다. 그들의 가장 큰 걱정거리인 언어 문제를 해결해 주고, 공항 픽업부터 숙소 예약, 가장 효율적인 동선으로 공공교통수단을 활용한 알짜배기 여행을 계획해 주었습니다.

한국어 수업과 가이드 서비스를 제공하면서 배운 건 N잡러로서 시간 관리가 중요하다는 것이었습니다. 물론 서비스 문의는 다양하고 각기 다르지만, 응대에도 순서가 있기 때문에 웬만한 질문에 대한 답들은 시스템화할 수 있었습니다. 1차부터 3차까지 응대 멘트를 만들어 놓고 구글 폼으로 그들의 정보를 빠르게 수집하여 누락 없이 안전하게 자료화했습니다. 훗날 다시 정리하기 편하게 말입니다. 그들이 주로 물어보는 질문들을 문서화하여 PDF로 '제안서'를 만들었습니다. 이렇게 시스템화를 해 놓으니 스스로 반복된 일에 지치지 않고 지속 가능하게 할 수 있게 되었습니다. 그렇게 절약된 시간을 여행 프로그램을 발전시켜 나가는 데 쓸 수 있었습니다. 또한 가이드 서비스를 이용한 손님들에게는 여행 전후로 한국어 수업을 들을 수 있게 할인 혜택도 제공했습니다. 실제로 통계를 내보니 저의 두 가지 서비스를 다 이용한 확률이 70퍼센트가 넘었습니다.

내가 좋아하는 것을 찾는 과정이 중요한 이유

돌이켜보면 저는 열정은 있으나 일을 벌이기만 하고 무언가를 진득하게 해 본 경험이 많이 없었습니다. 이것이 늘 저의 약점이자 스스로에 대한 불만이었습니다. 최근에는 한 친구로부터 '넌 끈기가 없이 이것저것 경험만 좋아하는 사람인 줄 알았는데, 본인이 재밌어하는 걸 찾으니 꾸준히 하는 모습에 다르게 느껴졌다.'라는 말을 들었습니다. 그제야 3년째 좋아하는 것들로 채우며 온라인으로 퍼스널브랜딩을 했고, 그것이 나의 수익구조를 만들어 줬음을 떠올렸습니다. 결국 사회가 바라고 원하는 것보다 내가 좋아하는 것을 찾는 과정을 꾸준하게 하고 있었던 것이었습니다. 그러니 'N잡'을 꿈꾸는 모든 분이, 언젠가는 찾을 본인의 적성을 위해 실망하지 않으셨으면 좋겠습니다. 포기만 하지 않는다면 반드시 본인의 삶을 살 수 있는 용기가 생겨날 것입니다. 지금 여러분들의 모든 고민과 행동의 발자국들이 용기로 향하는 길이기 때문입니다.

4

행동하는 사람을
이기는 사람은 없다

코로나 기간 동안 여행이 무척이나 그리웠습니다. 그래서 예전에 다녀온 여행지와 관련된 모임들을 찾아다니기 시작했습니다. 그때의 추억을 떠올리며 사람들과 이야기를 나누고 여행하는 기분을 느끼고 싶었기 때문입니다. 요즘은 네이버 밴드나 카페, 카카오톡 오픈방, 혹은 소모임이나 문토 같은 '카테고리별 모임 주선 앱들'도 많이 있습니다. 그렇게 모임 참가자로 경험하며 '내가 주도해서 할 수 있는 건 없을까?' 고민하기도 했습니다. 그런 와중에 '스페인 산티아고 순례길'을 가시는 분들에게 생존 스페인어를 알려드리면 어떨까 하는 생각이 떠올랐습니다. 곧바로 모임을 만들어 순례길을 떠나시는 분들을 대상으로 무료로 '생존 스페인어 강의'를 만들었습니다. 간단한 인사 표현부터 나의 상태 알리기, 숫자, 식당 메뉴 보는 법 등 '이것만 외워 가시라'며 알짜배기 표현들만 넣었습니다. 그렇게 무료 수업을 하고 나니 자신감이 생겼습니다. 내가 직접 다녀온 여행지에서 좋은 경험을 떠올리며 무엇보다 스스로 재미나게 할 수 있었습니다. 이후에는 순례길을 전문으로 하는 여행사나 한국의 탱고 커뮤니티 등을 찾아다니며 발품을 팔아 유료로 강연을 이어 나갔습니다.

이러한 저의 행보를 SNS에 올리니 순례길을 콘셉트로 카페를 운영하고 계신 사장님이 저를 부르셨습니다. 본인이 여행 법인을 세워 여행 사업을 하고 싶은데 저와 함께하고 싶다는 말씀하셨습니다. 인솔 역할 역시 저의 전 직장에서의 경험이 있기에 자신 있었습니다. 또한 스페인 산티아고 순례길을 10년 전에 다녀와서 다시 한번 가고 싶다는 생각이 간절했습니다. 그렇게 저의 노력은 또 다른 파이프라인으로 연결되었습니다. 운이 좋게도 첫 팀부터 모객이 완료되어 2023년 8월, 43일간 긴 여정을 일로써 가게 되었습니다. 무척이나 설레는 일입니다. 그렇지만 아무리 프리랜서라도 43일을 한꺼번에 빼기에는 부담스러웠습니다. 평온한 주말 오후, 카페에 혼자 앉아 종이를 펴고 펜을 들었습니다. 이번 선택으로 내가 얻을 것과 잃을 것들을 나열해 보았습니다.

●얻는 것: 무엇보다 순례길을 다시 가보고 싶었던 것, 심지어 출장으로 갈 수 있다는 것.

내가 가장 좋아하는 카페의 사장님과 친분을 쌓을 수 있다는 것. 뿐만 아니라 사장님의 공간 사업과 출간 경험을 하고 싶었던 나에게 정말 큰 영감이 되어줄 인연이라는 것.

● 잃는 것: 여행 동안 다른 일을 해내지 못한다는 것. 루틴이 사라진다는 것.

　적고 나니 생각보다 잃는 것보다 얻을 게 많았습니다. 그렇다면, 잃을 것을 최소화하기 위한 방법을 찾으면 되지 않을까? 고민하기 시작했습니다. 수업은 미리 앞당겨서 하거나 몇 달 전부터 준비하면 충분히 가능해 보였습니다. 순례길 일정이 끝난 후 숙소에서 노트북으로 급한 일은 볼 수 있었습니다. 오히려 퇴사하면서 꿈꿨던 '디지털 노마드'의 삶과 유사하게 보였고, 하루라도 빨리 경험해 보는 것이 낫다는 결론을 내렸습니다.

　이렇듯 저는 고민거리나 중요한 결정을 앞두고 있을 때 항상 '이 선택으로 하여금 얻는 것과 잃는 것이 무엇인가?'에 대해 빈 종이에 적고는 합니다. 그러다 보면 풀리지 않았던 해결책도 생각나고, 생각보다 고민거리가 하찮게 느껴질 때도 있습니다. 마찬가지로 좋은 것도 영원하지 않다는 것도 깨닫습니다. N잡러로서 모든 선택은 나의 결과가 되기 때문에 매우 중요하고, 그렇기에 부담되는 것도 사실입니다. 어떨 때는 회사에서처럼 모든 중요한 결정을 타인이 해주기를 바랄 때도 있었습니다. 그럴 때마다 N잡러를 꿈꿨던 예전의 나를 떠올리며 마음을 다시 잡곤 했습니다.

불안한 마음을 이기는 나만의 노하우

실제로 퇴사 후 제 일을 시작하면서 주위 사람들이 저에게 불안하지 않냐고 물어보곤 합니다. 돌이켜 보니 그럴 때마다 저도 모르는 사이에 생겨버린 습관들이 N잡러 마인드 셋을 하는 데 큰 도움을 주고 있었습니다. 크게 장기적인 방법과 단기적인 방법을 사용하곤 합니다.

먼저 단기적인 방법으로 '운동'을 루틴으로 가지는 것입니다. 저는 헬스장에 적어도 3번은 가서 운동하는데, 하기 싫은 날에도 어떻게든 운동복을 입고 가서 러닝머신 위에서 걷기라도 하고 옵니다. 그러면 '작은 성취의 효과'를 얻습니다. 생각이 많아지거나 걱정으로 가득 찰 때는 두 번 생각하지 않고 그 자리에서 박차고 나가 근처 운동장을 전력 질주하며 달립니다. 그렇게 아무 생각하지 않고 숨이 찰 때까지 달리고 나면 머릿속이 비워짐을 느낍니다. 신체에 대한 운동의 효과는 과학적으로 증명된 방법이기도 합니다. 또한 개인적으로 자세 교정을 위해 요가 수업을 듣고 있는데, 스트레칭뿐만 아니라 호흡에 굉장히 많은 도움을 받고 있습니다. 우리는 부정적인 감정에 휩싸일 때 우리도 모르는 사이 호흡을 잃는다고 합니다. 그럴 때마다 잠시 멈춰서 그 순간을 알아차리는 연습을 하는 것입니다. "아, 내가 지금 미래에 대한 걱정 때문에 힘든 감정을 느끼고 있네?" 하며 그 감정과 나를 분리합니다. 그러면 그 불안에 나의 온 마음을 뺏기지 않게 됩니다. 심호흡을 여러 번 하며 숨이 뚫린다는 생각이 들 때까지 합니다. 이를 '알아차림'이라고 합니다. 이러한 알아차림의 연습은 마음을 다스리고 감정에서 벗어나는 데 큰 도움이 되었습니다.

장기적으로는 '버킷 리스트'를 늘 쓰는 것입니다. 불안한 감정이 들 때마다 잠시 쉬면서 생각만 해도 행복해지는 상상에 빠집니다. 저의 꿈은 죽기 전에 세상 모든 곳에 제 발자국을 찍는 것입니다. 한 번도 살아보지 못한 낯선 세상에서 다양한 문화를 경험하며 더 많은 사람과 소통하는 저를 상상합니다. 언젠가는 세계 5대 산맥에 학교를 지어 가난한 아이들에게 평등한 교육의 기회를 제공하고 싶습니다. 그 외에도 저에게는 크고 작은 꿈들이 150여 개가 있습니다. 물론 쓰다 보면 "이걸 내가 할 수 있을까? 분명 못 할 것 같은데…."라는 생각에 빠지고는 합니다. 그런데도 저는 이렇게 본인이 원하는 것들을 그리는 것이 삶의 방향성을 잡는 데 중요한 역할을 한다고 확신합니다. 물론 저의 꿈들은 이루어지지 않을 수 있습니다. 그렇지만 그 꿈을 바라보며 이루기 위해 노력하는 나의 시간과 경험치, 과정에서의 배움은 사라지지 않고 남을 것입니다. 이것이 '끌어당김의 법칙'임을 책에서 배웠습니다. 이렇듯 마인드 셋에 관한 좋은 방법들이 너무나도 많은데, 저는 주로 책에서 영감을 얻곤 합니다. 그리고 수많은 시행착오 끝에 저만의 방법들을 찾아냈습니다. 그렇게 조금씩 행동에 행동을 더하며 저의 세상을 확장해 나갔습니다.

중요한 결정을 앞두거나 생각이 많아질 때 항상 읽는 책이 바로 『데미안』과 『시크릿』입니다. 늘 보기만 해도 시리는 데미안의 한 구절을 독자 여러분과 나누고자 합니다.

"새는 알을 깨고 나온다. 알은 하나의 세계다. 태어나려는 자는 한 세계를 깨뜨려야 한다."

5

잘하는 것을 찾아,
과정을 즐겨라

정부지원사업에 합격하다

저는 퇴사 후 본격적으로 N잡러로 살아가게 된 사람입니다. 하지만 퇴사를 준비하면서 정말 많은 생각이 들었습니다. 과연 지금 퇴사하는 게 시기적으로 맞을지, 퇴사 후에는 어떻게 내 생계를 이어 나갈지 모든 게 막연했습니다. 일단 내가 할 수 있는 것들을 다 해보자는 생각으로 '정부지원사업'에 관해 공부하기 시작했습니다. 늘 한국에 사는 외국인, 즉 다문화에 대한 관심이 많았습니다. 그들이 많이 사는 곳에 가서 친구가 되거나 외국인 커뮤니티를 찾아가 언어교환 모임에 참여하기도 했습니다.

예상대로 그들은 한국에 와서 행복하면서도 일자리와 비자 등의 불안감 또한 가지고 있었습니다. 이를 보고 사업 아이템을 '한국에 사는 외국인들을 위한 직업교육'으로 잡았습니다. 제 경험을 십분 살려 라이브 커머스 교육을 해주고, 실제로 그들의 SNS와 플랫폼을 성장시켜 우리 소상공인들의 물건을 외국에 수출하게 도와준다는 계획을 세웠습니다. 또한 저의 SNS 사업과도 연관되는 것이었습니다. 준비 과정에서 정부 지원사업 종류 중 '초기창업패키지'와 '예비사회적기업 육성사업'이 있었는데 무엇에 집중할지 고민을 많이 했습니다. 하지만 저의 타겟은 한국에 사는 외국인들이었고, 그들을 위한 교육이기에 예비 사회적 기업으로 목표를 세웠습니다. 그들의 경제적 자립을 돕고 싶은 마음이 컸기 때문입니다.

아무리 좋은 의도로 사회적 가치를 창출하겠다고 어필해도 힘든 부분이 많았습니다. 사업의 지속 가능성과 안정적인 수입은 어떻게 가져갈 것인지가 가장 큰 관건이었습니다. 이 문제는 처음부터 해결하기엔 쉬운 일이 아니었습니다. 수많은 비즈니스 모델을 세우고 수정을 반복하면서, 실패의 경험들도 늘어났습니다. 다양한 정부 지원사업들에 지원했고, 최종 면접에서 눈물 날 정도로 질타를 받고 떨어지기도 했습니다. 무척이나 자존심이 상했고, 모든 게 처음이었기 때문에 쉽지 않았습니다. 하지만 면접관들 역시 최선을 다해 본인의 일을 한 것일 뿐, 모든 게 저의 성장을 위한 동력으로 삼기 위해 계속해서 수정하고 발전시켜 나갔습니다. 지원 사업에는 떨어졌을지언정 그것이 제 사업의 끝은 아니기 때문입니다. 그러한 과정에서 사업 계획서를 쓰는 법도, 발표하는 법도 배웠습니다. 재수 끝에 드디어 '사회적기업 육성사업 예비 트랙'에 합격했습니다. 그에 앞서 '창업동아리 지원사업'에 합격해 적은 지원금으로 A부터 Z까지 경험할 수 있었던 것이 큰 도움이 되었습니다.

정부 지원사업에 합격하면서 크게 2가지를 얻었습니다. 먼저 사업 지원금뿐만 아니라 필요한 전문 멘토링과 교육 프로그램을 제공받습니다. 또한 선배, 동기 대표님들과의 교류 시간도 있어 협업을 도모하기도 합니다. 이러한 자리에 참석하는 것만으로도 영감과 자극을 충분히 받을 수 있다는 장점이 있습니다. 분야가 다르더라도 비슷한 위치에, 혹은 조금 더 앞서 나가 있는 대표님들을 보면서 경험치와 마인드 셋까지 참 많은 것들을 배울 수 있었습니다. 주위에 많은 분께 뚜렷한 사업 아이템이 없다 하더라도 본인 사업을 시작하려면 정부지원금을 꼭 시도해 보라고 조언해 줍니다. 그 과정에서 얻는 경험들이 더 크고, 후에 언제든 피봇이 가능하기 때문입니다.

사업은 절대 혼자 성공할 수 없다는 것을 날이 갈수록 뼈저리게 느낍니다. 늘 누군가를 만나면, 배울 점부터 찾습니다. 이후에 늘 좋은 관계를 맺기 위해 노력합니다. 지원사업을 통해 만난 대표님들을 만나며 찾은 공통적인 특징들이 몇 가지 있었습니다. 먼저 긍정적 에너지가 넘치며 성장 과정을 자체를 즐기고 있었습니다. 작은 성취들로 조금씩 자신만의 자신감을 늘려 나가며 모든 경험을 직접 부딪치며 배워나가고 있었습니다. 모든 시작은 상상할 수 없을 만큼 미미하고 초라하지만 중요한 건 그 후의 모습이라고 생각했습니다. 또한 자기 파악이 정확하고, 그러다 보니 우선순위에 대해 명확했습니다. 한정된 시간과 에너지 속에서 거절을 정중하게 할 줄 알고, 새로운 도전이 떨어졌을 때 곧바로 행동으로 옮기는 특징을 가지고 있었습니다. 무엇보다 자신이 하는 일에 대해 자신감이 생길 수밖에 없을 때까지 고민하고 또 고민하며 행동했습니다. 이렇게 그들로부터 사업적으로나 그 외적인 부분으로나 참 많은 영감을 받았습니다.

또한 이번에 지원사업을 경험하며 '사회적인 사업'과 '개인적인 사업'을 동시에 진행할 수 있다는 자신감도 얻었습니다. 충분히 시간적인 여유를 확보하고 방향성만 잃지 않는다면 가능하다고 생각합니다. 이처럼 N잡러는 다양한 것들을 스스로 도전하고 발전시켜 나갈 수 있습니다. 그렇지만 이런 것들은 퇴사하지 않고도 가능합니다. 실제로도 동기 대표님 중에는 회사에 다니면서 개인 요건으로 정부지원금을 받아 본인의 사업을 준비하시는 분도 있었습니다(이는 지원사업 요건에 따라 상이합니다). 결국 자신의 가치관에 따른 본인의 선택입니다. 굳이 퇴사하지 않더라도 좋아하는 것을 하며 돈을 버는 덕업일치의 삶을 사는 분들도 많고, 퇴사해서 더 집중적으로 할 수도 있습니다. 무엇보다 중요한 건 본인이 좋아하는 것과 잘하는 것을 지속 가능하게 할 수 있냐 없냐는 것입니다.

잘하는 것, 그리고 좋아하는 것

좋아하는 것을 찾는 것은 어떻게 찾을까요? 그 또한 쉽지 않습니다. 그럴 때마다 저는 뭐든지 경험하며 고민하라고 말합니다. '나는 여행을 좋아해.'라고 광범위한 것부터 시작해 '나는 말이 잘 통하지 않는 낯선 곳이 더 좋아.' 혹은 '산보다는 서해를 볼 때 더 기분이 좋더라.' 등 조금씩 나만의 경험의 순간들을 축적하며 데이터를 세부적으로 쌓아보는 것입니다. 그럼 내가 좋아하는 것이 좀 더 특별하게 느껴지고 광범위할 때 느껴졌던 막막함이 조금 덜해 질 수 있습니다. 중요한 건 끊임없이 질문을 스스로 던지며 '질문 자체에서 살아가는 것'이라 생각합니다.

그럼 잘한다는 건 무엇일까요? 각자만의 기준이 있겠지만, '내가 가장 자신 있어 하는 것'입니다. 정상에 있는 사람들과 비교하며 자극받고 위축되는 것보다, 먼저 현재 내가 가지고 있는 능력치들 사이에서 비교하는 것이 낫습니다. 먼저 내가 할 수 있는 것들, 혹은 회사 등에서 해봤던 업무나 직무들을 나열해 보세요. 이후에는 그나마 잘하는 것들을 선택하며 후순위를 하나씩 지워 나가보는 것입니다. 이러한 물음은 나에게 끊임없이 던져야 합니다.

저는 창업 교육 프로그램을 이수하며 처음으로 법인을 만들고, 각종 서류를 처리하는 경험도 얻었습니다. 그렇게 2022년 말, 법인 회사를 설립하여 이듬해 본 트랙에 지원하여 더 큰 규모의 지원사업에 선정되었습니다. 앞으로도 한국에 있는 다문화 가정에 필요한 직업교육을 제공하기 위해 노력할 예정이며, 동시에 SNS를 활용한 글로벌 사업도 꾸준히 키워 나갈 예정입니다. 이 모든 건 'N잡러'이기에 가능했다고 확신합니다.

자신이 무엇을 잘하고, 좋아하는지 관심을 가져보세요. 제가 할 수 있다면, 여러분도 못 할 이유가 없습니다. 자기 꿈의 신화를 이뤄가는 모든 분들의 발걸음을 무한히 응원합니다.

주어진 환경을 극복하는 N잡러

박은정

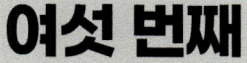

여섯 번째

주어진 환경을 극복하는 N잡러

(박은정)

1

갈림길에 왔다면
충분히 고민하라

갈림길에서의 선택

요즘도 간간히 지인들로부터 출산과 육아의 고충을 듣게 됩니다. 무얼 해줄 수 있는 것도 아닌데 지나간 저의 시간들이 떠올라서인지 안타까운 마음이 드는 건 어쩔 수 없는 것 같아요. 잠깐이라도 누가 봐 줄 수 있으면 숨 쉴 텐데 육아라는 것이 오롯이 한 사람의 일이 되면 답답한 마음에 한 번씩 엉엉 울게 되죠.

저는 미국인 남편을 만나 미국에서 출산과 육아를 했습니다. 산후우울증은 그럭저럭 넘어갔는데 육아 우울증은 극복하지 못했어요. 일하기 좋아하고 활달한 성격의 제가 조용한 육아 생활이 힘들어 미국에서의 생활을 접고 한국행을 결심하게 되었습니다.

남편은 한창 자신의 커리어를 쌓아가고 회사에서 인정받을 때였으나 고맙게도 저의 결정을 따라주었습니다. 우리는 짐을 싸고 풀고 떠나고 하는 것에 익숙해졌다고 생각했는데, 그때는 느낌이 달랐습니다. 이사 비용이 너무 비싸서 사진, 옷, 아이 물건 등 중요한 최소한의 짐만 한국으로 보냈습니다. 대부분 가구와 짐들은 싼값에 처분하고 휑해진 집안을 보고 있자니 왠지 서글픈 마음이 들었습니다.

남편도 저도 아무것도 없이 시작해서 이제 서야 안정된 삶을 살고 있었는데 그 모든 것을 두고 다시 시작할 마음에 막막한 생각이 들었어요. 내가 지금 뭐 하는 짓인가 싶기도 했지만, 나의 일 없이 평생을 살 수는 없겠다는 판단이 섰습니다. 그리고 직장생활로 힘들어했던 남편에게 휴식기를 줄 수 있다는 핑계로 내 일을 시작하고 싶기도 했고요.

그렇게 미안한 마음도 잠시, 한국 가서 내가 좋아하는 일을 할 수 있다는 마음에 들뜨고 신이 났습니다. 미국으로 이사 오기 전에 영어 수업을 했었고 미국에서도 꾸준히 온라인으로 수업을 진행했었습니다. 한국 가서 내가 생각하는 커리큘럼대로 수업할 생각에 머릿속으로 학원을 세웠다 부수기를 하루에 열두 번도 더 했네요. 수업에 복귀할 생각만으로도 즐거웠고 비행기 타는 날을 손꼽아 기다리며 하나둘 할 일들을 정리해갔습니다.

0원에서 시작한 한국에서의 삶

그 안정되고 편안한 삶을 뒤로하고 아무것도 없는 한국으로 돌아왔습니다. 정원이 있는 큰 집과 별걱정 없는 삶보다 아래 위층 눈치 봐야 하는 아파트의 반전세 집이 좋았습니다. 미국의 소고기 스테이크보다 친정 엄마가 해주시는 된장찌개가 좋았어요. 자기들의 일로 바쁜 친구들을 자주 볼 수는 없지만 같은 하늘 아래에서 같은 시간대를 살아간다는 것이 그냥 좋았습니다.

미국에서 오자마자 저는 시차가 적응도 안 되었지만, 머릿속으로 구상한 수업을 풀기 위해 바로 공부방을 알아봤어요. 외동아들이 아직 어려서 친정이 있는 동네에 집을 구했고 공부방도 걸어서 몇 분 거리의 상가로 생각을 해두었습니다. 하루 만에 마음에 드는 곳으로 계약을 하고 바로 수업을 시작했습니다.

제가 제일 하고 싶은 일이고 오랫동안 기다려와서일까요. 수입이 0원이었으나 분명 난 잘 될 그거라는 밑도 끝도 없는 자신감이 있었습니다. 심지어 공부방을 개원하기도 전에 세무사 사무실을 찾아가서 앞으로 제가 크게 될 거라서 시작부터 관리가 필요할 것 같다고 말했습니다. 그때 세무사님이 말하길, 지금까지 저와 같은 고객은 없었고 그날 제가 잘 될 거라는 것을 직감했다고 하세요. 그렇게 씩씩해 보일 수가 없었다고 합니다.

그러나 포부와는 달리 시작은 초라했습니다. 교실은 텅텅 비어 있었고 하루에 한 타임도 수업이 없는 날도 있었습니다. 제가 잘할 수 있고 또 하고 싶은 일이지만, 아무도 경단녀에 그리고 한 달도 안 돼 미국서 이사온 저를 알아주는 데는 없었습니다. 처음 수업은 언니네 조카 두 명과 그 친구들 3명을 데리고 시작했습니다. 하루걸러 있는 수업이지만 매일 공부방으로 출근해서 청소하고 수업 연구하고 자료 만들기를 했어요.

집에서 공부방을 걸어갈 때, 줄줄이 작은 상가들 십여 개를 지나갑니다. 3분이면 지나갈 길을 꽃가게, 세탁소, 피자가게 등 상점마다 사장님들과 이야기하느라 한 시간이 지나서야 도착하는 날도 있었어요. 한국에서만 볼 수 있는 풍경들이 정겨웠고 한국말을 실컷 해서 너무 좋았습니다. 수입이 적어 먹고 살기 빠듯했지만 그런 일상이 좋았습니다.

돌고 돌아 다시 선 갈림길

신이 난 저와는 반대로 남편은 서서히 시들해져 갔습니다. 그도 그럴 것이 미국에서 직장생활 할 때, 회사 전용 비행기 타고 출장 다니고 좋은 식당에서 고급 와인으로 식사하며 일하던 사람이 온종일 집에 있으며 어린이집 다녀오는 아이를 봐야 했어요. 남편은 태어나서 처음으로 아파트 생활도 시작했어요. 좁은 아파트에서 위층의 여러 소리로 잠을 자질 못했어요. 위층이 별난 것도 아닌데 그렇게 살아 보지 않은 남편에게는 힘든 일상이었습니다.

모든 일이 생각대로 되지 않는 것을 뼈저리게 느꼈습니다. 한국에서 쉬면서 좋아하는 컴퓨터만 있으면 별문제 없을 거라는 생각이 큰 오판이었습니다. 저와 마찬가지로 육아 우울증을 겪게 되었던 거죠. 그 무렵 부분적으로 아이를 봐주시던 모친이 전적으로 봐주시기로 하시면서 남편이 한국에서 직장을 알아보기 시작했습니다. 그러나 '삼성'도 '쿠팡'도 마지막 면접에서 떨어지고 나니 그 능력 있는 사람이 더 의기소침 됐습니다.

그런 모습을 지켜보며 걱정을 하면서도 나는 나의 일에 더 빠져들어 갔습니다. 열심히 아이들을 가르치니 결과도 좋아서 입소문이 빨리 났습니다. 그렇게 혼자서 밤낮없이 일하고 나니 2년이라는 공부방 계약 기간이 끝날 때는 외국어학원으로 확장해야 할 만큼의 규모가 되었습니다. 밀려오는 상담 전화와 학생들 시험관리 성적관리로 잠자는 시간도 아까웠어요. 집에서는 잠만 자고 나오기가 일쑤였습니다. 그렇게 집안일은 손을 놓게 되었고 저의 생일날 올 것이 오고 말았습니다. 평소엔 바빠서 같이 밥 먹을 시간도 없지만, 그날은 생일이라 뭐라도 해야 할 것 같았습니다.

외식하는데 어두운 표정으로 남편이 말했습니다. 자신이 하던 일로 다시 복귀할 수 있을지 모르겠다고. 그리고 이렇게 사는 건 결혼생활이 아니고 룸메이트라고 말했습니다. 이럴 거면 이혼해야 한다고. 정말 이혼하자는 건 아니었지만, 그 말에 큰 충격을 받았습니다. 알고는 있었지만 애써 덮어뒀던 일이 물 위로 올라오면서 어떻게 해야 하나 고민이 되기 시작했습니다.

가족을 위해서 내가 생계를 책임졌다고는 하지만 사실 일의 즐거움을 놓지 못해 과하게 일하고 있었습니다. 아이와 함께 하는 시간도 자꾸 줄어들어 아침에 30분 겨우 보는 상황이 되었습니다. 학원은 더 커져서 이제는 저의 의지와 상관없이 일에 떠밀려서 제가 어떻게 할 수 없는 상황이 되어갔습니다. 이러다가 가족도 없이 일에 파묻혀 살게 될 거 같은 불안감이 들었습니다.

　　남편의 일도 컴퓨터 프로그래머라는 직업의 특성상 업계의 일은 하루가 다르게 변하고 있었습니다. 더 늦어지면 복귀가 어려운 상황이 되어가는 것도 더 피할 수 없었습니다. 나의 일을 접고 다시 미국으로 들어가야 하나 아니면 내가 일을 좀 줄이고 가족과의 시간을 보내면 상황이 좋아질까. 정신없는 하루하루를 보내면서 문득 시간이 얼마 남지 않았음을 직감했습니다. 결정해야 했습니다. 남편의 커리어냐, 나의 커리어냐.

　　미국에서 한국으로 들어올 때처럼, 이번에도 갈림길에 섰습니다. 충분히 고민하고 답을 내려야 미련도 후회도 없으므로 내 안의 나의 소리에 귀 기울였습니다. 다른 사람에 의한 결정이 아닌 나의 결정을 내려야 할 시간이었습니다.

2

모두가 안 된다고 할 때,
반대를 거절하라

제가 좋아 한국에 와서 살았지만, 남편의 경력 문제 때문에 과감한 결정을 내려야 했습니다. 곰곰이 생각해 봤습니다. 제가 좋아하는 일은 분명했기 때문에 제 감정이 들어가지 않도록 객관적인 사실만 나열해 봤습니다. 한국에서 산다는 것은 제 경력을 유지하고 남편은 일을 못 한다는 것. 미국에 산다는 것은 남편의 경력은 유지되고, 저의 경력은 유지될 수도 있고 아닐 수도 있다고 생각했습니다.

왜냐면 남편은 직장인이고 난 구멍가게든 대기업이든 한 사업장의 대표니까요. 다시 말해, 정해진 운영방식에 내가 따라야 하는 것이 아니고 내가 운영방식을 만들 수 있는 것입니다. 사업장의 대표가 자리에 없으면 회사가 운영될까 하는 말도 많습니다. 그러나 죽기를 각오하면 산다고 하였던가요? 우리 학원의 시스템을 원장 없이 운영되도록 해야겠다는 생각을 했습니다. 그리고 가족, 친구, 우리 학원 선생님들에게 곧 미국으로 이사 간다고 발표했습니다.

한 사람도 빠짐없이 모두가 미친 짓이라 말했습니다. 그건 불가능한 일이라고. 얼마 가지 않아 학원은 소리도 없이 사라지게 되고 나는 미국에서 발만 동동 구르며 죽도 밥도 안 될 거라고. 학원의 특성상 기존의 선생님들이 바로 옆에 차려 나갈 거라고. 원장이 하루도 빠짐없이 출근하고 학원을 지키고 있어도 그런 일이 비일비재한데 어떻게 원이 운영되냐며 가지 말라고 했습니다. 아니, 갈 거면 학원을 정리하고 가야 한다고 했습니다. '그래, 내가 무슨 뾰족한 수가 있다고 모두가 안 된다는 일을 무모하게 진행할까?' 싶었습니다. 그러나 저에겐 다른 대안이 없었습니다. 내 커리어를 이어가고 싶고 남편도 살려야 했습니다.

할 수 있는 데까지 해보자 싶었습니다. 해보고 안 되면 어찌할 수 없는 일이지만 해보지도 않고 주저앉을 수는 없는 일이었습니다. 현대 정주영 회장의 "해봤어?"라는 말처럼 생각과 달리 현실은 펼쳐지니까요. 개개인이 가진 상황, 재능 그리고 시대적 환경이 다 다르므로 해봐야 말할 수 있겠다고 판단이 되었습니다. 해보지도 않고 생각만으로 된다, 안 된 다를 말할 수는 없다는 생각이 이 일로 확고히 자리하게 되었습니다. 떠나는 나도 남아 있는 우리 학원 직원들도 "과연 될까?"라는 생각을 하면서도 하나하나 준비는 해나갔습니다.

요즘 세상엔 현금 들고 다니는 사람이 없는 것처럼 학원에서도 카드로 수업료를 결제해서 현금관리에는 부담이 없습니다. 모든 입출금은 제 휴대전화에서 이루어지기 때문에 한국에 있으나 미국에 있으나 차이가 없고요. 비품 사는 것 또한 온라인배송이 잘 되어 있어서 필요한 물건을 오늘 주문하면 내일 바로 올 수 있고 주문 명세 또한 관리하기 쉽습니다. 수업일지와 상담내용은 '구글닥'이라는 포맷으로 실시간 공유와 수정이 돼서 학원의 진행 상황을 한눈에 볼 수 있습니다.

통제할 수 없는 것을 걱정하지 말고, 통제할 수 있는 것에 집중하기

이렇게 운영에 관련되는 일들을 세팅하고 일 년에 한두 번은 들어오겠다고 전달하며 미국으로 떠났습니다. 빠짐없이 준비한다고 생각했지만, 현실은 늘 쉽지 않다는 것을 경험했기 때문에 한국을 떠나는 날 생각했습니다. 오늘부로 학원은 문 닫은 것이라고. 내일부터 학원은 덤으로 만들어져가는 날들이라고 여겼습니다. 그렇게 생각하니, 마음이 홀가분했습니다. 무엇보다 감사했습니다. 이렇게라도 원을 운영할 수 있고 내가 좋아하는 일을 유지할 수 있게 되어서 감사했습니다. 조바심도 덜 났고, 노여워할 일도 적어졌습니다.

편한 마음으로 학원을 바라봤습니다. 수업에만 파묻혀 있던 제가 전체를 보면서 시야가 넓어지기 시작했습니다. 학년별 수업의 커리큘럼을 세밀하게 다듬고 강사교육에 시간과 정성을 들였습니다. 그리고 교수법에 더 집중했습니다. 시간이 없다고 미뤘던 우리 학원만의 교사용 가이드북도 만들었습니다. 상담 관리, 성적관리, 그리고 초등 중등 고등 교수법을 각 학년과 교재별로 세분화하고 문서로 만들기 시작했습니다. 말로만 전달되던 그것들이 정리되고 체계화되면서 시스템이 자리 잡게 되었습니다. 한국에서는 일일이 대면하며 말로 모든 의사소통 하던 것을 글로 전달하기 시작하면서 효율적인 운영 시스템이 자리 잡기 시작했습니다.

학원에 출근하며 진행하던 원장의 일은 못 하니 멀리서도 할 수 있는 일들을 찾아서 하기 시작했습니다. 직접 온라인 판매담당자가 되어 마케팅 업무를 했습니다. 저는 티브이 전원을 눌러서 안 켜지면 티브이 보기를 포기할 정도의 기계치입니다. 그런 제가 울면서 블로그와 인스타 등 온라인 홍보를 배우고 적용하기 시작했습니다. 하나의 문이 닫히고 새로운 문을 열고 들어왔더니 제가 알지 못한 새로운 세계를 경험하게 되는 기회도 얻었습니다. 그동안 너무 편협하게 살았다는 반성과 '앞으로 신문물을 거부하지 말고 조금씩 시도해야지.'라는 큰 변화도 맞이하면서요.

10년이면 강산도 변한다는 말처럼 외국 생활도 많이 바뀌었습니다. 2010년에 살 때와 다시 돌아간 2018년의 미국의 삶은 완전히 달랐습니다. 한국의 옆 동네에 사는 느낌이랄까요. 카톡으로 실시간 무료통화가 원활히 되고 방금 찍은 사진이나 동영상을 볼 수 있어서 수업의 피드백도 즉각적으로 이루어졌습니다.

나만이 할 수 있는 일

그러나 한계도 있었습니다. 전체회의를 할 수 없었습니다. 개별통화를 해야 하고 관리팀에 의존하는 일도 많았습니다. 시차가 있어서 미국의 밤은 한국의 낮이고 한국의 낮은 미국에서 한밤중이었습니다. 실시간 보고를 받고 일을 처리할 수가 없게 되었습니다. 답답했지만 달리 방법이 없었습니다. 늘 상황이 제가 바라는 대로 주어지지 않기에, 지금 주어진 상황에서 좋은 부분을 극대화하고 안 좋은 부분을 최소화하며 보완책을 찾기로 했습니다.

수업 프로그램과 환경은 문서로 체계화 조직화시키고 그것을 집행하는 인사에 모든 집중을 쏟았습니다. 좋은 강사가 장기간 행복하게 수업할 수 있는 문화를 만들어나갔습니다. 우리 학원의 철학과 교육 방향이 일치하고 공유되도록 대화를 많이 하고 생각을 나눴습니다. 그리고 그 강사들이 내린 결정을 믿고 지지했습니다. 어떤 결정을 하든 저 역시 그 결정에 토를 달지 않고 잘한 결정이라고 책임졌습니다. 설령 그것이 좀 부족했다 할 지라도요. 그 결과 우리 학원은 선생님 한명 한명이 원장이라는 말이 나올 정도로 개개인의 책임의식과 주인의식이 커졌습니다. 선생님들의 개인 역량이 커지면서 자기 일을 찾아서 하는 시스템이 선순환 되니 저의 원거리 운영도 수월해졌습니다.

그러던 중 코로나가 발생했습니다. 모든 것이 정지되고 일상이 무너졌지요. 지금까지 해오던 것이 먹히지 않고 새로운 판을 짜야 하는 상황이 생겼습니다. 모두가 허둥지둥할 때였고 하루하루 새로운 상황의 문제들을 해결해야 할 때였습니다. 그런데 코로나로 벌어진 일상이 저에게는 낯설지 않았습니다. 미국에서 한국의 학원에 오지 않고 회의하고 수업하고 업무 처리하는 방식을 코로나 상황에 대입해서 하나씩 풀어나갔습니다. 이미 저는 온라인 세상에서 살고 있었기 때문에 인식의 변화를 시키고 받아들이는 것 없이 바로 적용해서 가능한 수업 방식을 개발하고 세팅해서 멈추지 않는 수업을 만들었습니다. 학원은 코로나 전의 상황보다 훨씬 더 효과적이고 생산적인 운영 시스템이 구축되고 발전해 갔습니다.

이제는 안정화가 목적이 아니고 더 활발하게 사업을 확장해 갈 수 있게 되었습니다. 이전에 제가 미국에 가기 때문에 못 한다고 한 것들을 뒤집어 생각해 보았습니다. 제가 미국에 있으므로 나만이 가능한 일들을 찾아보기 시작했습니다. 영어학원의 특성상 미국 현지 공교육의 흐름과 커리큘럼은 무엇보다 관심의 대상입니다. 미국 초등학교에 다니는 제 아들의 수업을 자세히 관찰하고 학교 행사에 적극적으로 참여하기 시작했습니다. EFL 환경에서 영어학습, 이중 언어 습득 방식 등 늘 이론으로 이해하던 것들을 24시간 관찰 일지 작성하듯 데이터를 쌓아갔습니다. 그리고 우리 학원에 하나씩 접목하기 시작했고 결과는 대성공이었습니다.

모두가 반대했던 일이지만 해보지 않고는 말할 수 없습니다. 영화감독, 마틴 스콜 세시의 "가장 개인적인 것이 가장 창의적이다."라는 말처럼, 내가 가진 환경과 경험이 다른 사람과 같을 수 없으므로 나라는 사람이 풀어가는 문제 해결 방식도 그 누구와도 같지 않기에 가능했던 일입니다. 모두가 할 수 있는 일이라고 하지만 나는 못 할 수도 있고, 모두가 안 되는 일이라고 하지만 나이기 때문에 가능하기도 합니다. 내가 못했다고 자책할 일도 없고 내가 될까 안 될까 싶어서 망설일 필요도 없습니다. 아무도 모릅니다. 내가 해봐야 말할 수 있으니까요.

3

새로운 환경을
내 편으로 만들어라

새로운 환경에 적응하기

미국에서의 삶은 일하는 환경과 스타일을 바꾸어 놓았습니다. 이전엔 사람들과 대면으로만 일을 해결하다 미국으로 이사하면서 많은 부분이 글로 전달이 되었습니다. 미국과 한국은 13시간의 시차로 한국이 낮이면 미국이 밤이고, 한국이 밤이면 미국이 낮이 되었습니다. 한국에서 일하는 시간을 맞추려면 미국에서 잠을 자지 않고 밤을 새우다 보니 미국 생활이 엉망이 되었습니다. 미국에서 사는 것도 아니고 한국에서 사는 것도 아닌 것이 되었지요.

이러다 죽도 밥도 안 될 것 같아서 직원들과 강사들을 믿고 저는 저의 시간대에서 살기로 했습니다. 통제할 수 있는 것만 걱정하고 통제할 수 없는 것은 할 수 있는 데까지 하기로 했습니다. 나중에 들은 말로 제가 불안해하며 직원들에게 확인하지 않아서 직원들도 안정되게 일할 수 있었다는 말을 들었습니다.

그러다 보니 한국이 조용한 밤중에 저는 깨어있는 상황이 되었습니다. 울리는 전화벨도 없고, 당장 처리할 일들도 없이, 온전히 한 가지 일에만 집중할 수 있는 시간이 만들어졌습니다. 그 어색한 시간이 처음엔 힘들기도 했습니다. 아무것도 할 것이 없는 상황이 되다 보니 지루하고 힘든 일도 재미있게 느껴졌습니다. 애들 말로 놀 게 없으면 하기 싫은 숙제도 하고 공부도 한다는 말처럼요. 이 조용한 시간에 그동안 미루었던 교수법을 정리했습니다. 교육과정마다 커리큘럼을 연구하고 기존의 있던 자료들을 정리했습니다.

학원의 모든 문서를 정리하고 나서 그동안 덮어뒀던 다른 일들을 들춰보기 시작했습니다. 1년여 전쯤 우리 학원이 사용하고 있는 프랜차이즈의 파닉스 교재 집필 제의를 받았었습니다. 그때는 최선을 다한다고는 했지만 바쁜 학원수업과 운영으로 제대로 되지 않았던 내용이 눈에 들어왔습니다. 그 당시 이 프로젝트가 중단되었습니다.

교재 출판 프로젝트가 시작되었을 때 제출한 계획안을 다시 끄집어내어 보았습니다. 뭐든 처음이라는 것이 어렵듯이 어디서부터 뭘 시작해야 하는지 몰랐던 것 같습니다. 표현이 충분하지 못해서 나의 의도대로 교재가 그려지지 않은 부분들. 충분치 않은 분량들. 읽는 이도 어떤 내용인지 이해하지 못해서 더 진도가 나가지 못한 상태였습니다.

새로운 환경을 나의 몸에 붙이기 위한 리듬 타기

파닉스 교재 집필을 다시 시작했습니다. 기본 교재 구성은 유지하고 각 페이지의 내용을 세밀하게 표현하도록 노력했습니다. 머릿속의 생각들을 정확한 글로 표현해내는 것이 어려웠습니다. 생각을 글로 써내지 못할 때는 누군가에 전화해서 말로 설명했습니다. 내가 말하다 보면 어떻게 표현해야 할지 방법들이 떠올랐습니다. 말이 글이 되었습니다.

말로도 설명이 안 되는 복잡한 내용이 풀리지 않고, 좋은 아이디어가 떠오르지 않을 때면 몸을 움직이는 운동을 하러 나갔습니다. 가만히 있으면 생각도 멈추게 되는 거 같았습니다. 앉아만 있으면 여러 생각을 하게 돼서 오히려 집중이 안 되었습니다. 몸을 움직이며 풀리지 않는 한 가지만 생각했습니다. 생각하며 운동할 땐 음악도 듣지 않고, 전화도 하지 않았습니다. 산책이든 수영이든 제가 좋아하는 운동을 혼자 하며 저의 모든 신경을 그 문제에만 집중시켰습니다. 신기하게도 앉아서 온종일 고민하던 일들도 걷고 수영하다 보면 어느새 문제가 풀리게 되는 경험을 했습니다.

한 장이 열 장이 되고 열 장이 백 장이 되어가면서 교재 집필에 흐름을 타기 시작하기 했습니다. 뭐든 시작은 어렵지만 반복하다 보면 길이 생겨 탄력을 받는 건 어떤 일에도 적용되는 것 같습니다. 교재 집필에 내 몸을 익숙하게 해서 고비를 넘기고 내 몸이 자동화가 되는 그 반환점을 돌고 나니 책이 두세 권 만들어졌습니다. 나머지 책까지 마무리 짓는 것에 탄력을 받기 시작하며 시간도 훨씬 단축되어갔습니다.

파닉스 6권의 교재가 세상에 나오기까지는 4년여의 세월이 걸렸지만, 실제 제작 기간은 1년여 정도가 소요됐습니다. 일에는 때가 있다고 했던 가요. 파닉스 교재 집필 계약을 하고 바로 출판될 거 같던 책은 3년 동안 꿈쩍을 하지 않다가 미국에서 집중적으로 작업하면서 1년 만에 전체 시리즈가 드디어 세상에 나오게 되었습니다.

새로운 환경을 지배하기

집필 과정 동안 미국에서의 시간도 십분 활용했습니다. 미국의 파닉스 교재를 더 깊이 있게 들여다보는 기회도 얻었습니다. 코로나 동안 아이의 초등학교에서 원격으로 파닉스 수업하는 것을 같이 듣는 기회도 얻었습니다. 한국에서 많은 학교와 기관에서 체험하고 싶어 하는 미국의 공교육을 오랜 시간 동안 생생히 접하는 귀한 경험이었습니다. 파닉스 관련한 연구도 폭넓게 할 수 있었습니다. 많은 자료를 검토하고 교재를 찾아보고 새로운 교수법을 보면서 제 책의 깊이가 더해져 갔습니다. 밥 먹으면서도, 잠자며 꿈꿀 때도 모든 생활이 파닉스 교재로 돌아갔습니다.

이제는 다른 일을 하면서도 교재 집필을 할 수 있게 되는 여유가 생겼습니다. 한 번 경험한 것은 내 몸이 기억한다고 합니다. 그래서 처음은 힘들지만 두 번째 세 번째는 쉬워지는 것이죠. 이후에 들어간 교재 집필은 훨씬 수월해져서 이제 그것도 끝이 보입니다. 그렇게 저의 두 번째 직업인 교재 저자가 되었습니다.

파닉스 교재 저자가 되니, 전국의 강사들을 만나는 귀한 시간도 얻었습니다. 전국 각 도시에서 교재 설명을 하며 많은 강사를 만나고 이야기 나누었습니다. 답은 현장에 있다는 말이 있습니다. 좋은 질문이 좋은 답을 이끌어 주듯 현장의 날것의 질문들은 저에게 많은 영감을 주었고 동기 부여를 주었습니다. 교재 저자가 되고 나니 세 번째 직업인 영어 수업 교수법 컨설팅도 하게 되었습니다.

책을 쓰는 일은 지금까지 새롭게 해본 일 중 가장 강도가 높았습니다. 처음 하는 일은 다음 과정이 예상되지 않고 난간에 부딪히면 해결책을 몰라 쉽게 포기하게 됩니다. 또한, 결과물을 내기까지 오랜 시간이 걸려서 새로운 일의 확장이 더 힘들게 느껴지는 것 같습니다. 그러나 요즘 말로 존버 하면 될 수 있다는 것을 또 한 번 느낍니다. 실력 있고 버티면 일을 완성할 수 있고 나의 시대도 온다고 말이죠.

저 역시 새로운 일의 시작은 그 순간엔 힘든 결정이었지만 지나고 보니 미국으로 이사 오지 않았다면 얻지 못할 귀한 경험이었습니다. 교재 집필도 끝내지 못했을 것이고요. 저자 강연의 자리도 없고요. 그때 도전하지 않고 현실에 안주하는 선택을 해서 미국으로 이사하지 않았다면 책 쓰기라는 새로운 일의 시작은 없었습니다. 그리고 주어진 상황에서 최선을 다하며 포기하지 않고 앞으로 나아가다 보면 새로운 문이 열리고 새로운 기회들이 온다는 것을 절감합니다.

N잡은 기존의 익숙한 환경에 새로운 환경을 더하는 것입니다. 하나의 직업에서 또 다른 하나를 더 할 때는 일련의 과정을 거칩니다. 새로운 환경을 받아들여서 익숙하게 만들고, 리듬 타며 새로운 환경을 내 것으로 만듭니다. 그리고 나면 그 시간을 지배하게 돼서 그만큼의 영역이 넓어지게 됩니다. 주어진 환경이 좋고 나쁨을 탓할 것이 아니고 주어진 환경에 빠르게 적응하며 그 시공간에서 최선의 결과물을 만들어 내다보면 삶의 영토가 확장되어 갑니다.

4

재능은 도전할 때
발현된다

나에게 없는 재능 끄집어내기

미국에서 한국의 학원 사업을 하고 교재 출판을 하다 보니 내 생각의 표현 방식이 말보다는 글로 전달하는 경우가 많아지고 있었습니다. 학원 사업과 교재 내용 전달을 위해서 마케팅의 한 부분으로 블로그도 배우게 되었어요. 글쓰기를 폭발적으로 많이 하면서 이런저런 형태의 글을 써야 할 횟수도 늘었습니다. 글을 잘 쓰면 효과적으로 내 생각을 전달하는 도구가 되겠다는 생각을 하고 있을 무렵, 지인의 소개로 책 쓰기를 소개받 았습니다. 예전 같으면 무슨 책 쓰기냐며 손사래를 쳤을 텐데 미국에서의 생활은 글로 대화하는 방식을 선택이 아니라 필수로 만들어 놓았습니다.

더욱이 코로나를 거치면서 시간과 공간을 초월하게 되는 형태의 생활 양식이 되면서 지식의 원조 생산자의 위치가 더 확고해지는 것을 목격하고 있습니다. 예전엔 거리와 시간의 제한으로 원작자와 직접 만남이 어려웠습니다. 그것의 대안으로 원작자의 내용을 해석하고 전달하는 사람이라도 만나기를 원하는 시장이 형성되었습니다. 그러나 이제는 인터넷 검색이나 공간의 제약이 없는 온라인 미팅으로 언제 어디서나 원작자를 쉽게 만나고 이야기하는 세상이 되었습니다. 책을 쓰게 된다는 것은 그런 원작자 되는 것이기에 내가 가진 경험들의 원조가 되기로 했습니다. 국밥집 원조보다 더 강력한 내 삶과 지식의 원조인 책의 저자가 되어 보기로 했습니다.

저는 책 읽기를 즐기지 않고 다독하는 사람도 아닙니다. 다만 말하는 것을 좋아합니다. 요즘 말하듯이 읽히는 책들이 대세이니 그렇게 풀어나가면 되지 않을까 하는 마음으로 도전하기로 했습니다. 글쓰기의 끝판인 책 쓰기까지는 아니어도 카톡의 작은 메시지라도 잘 써보자 하는 마음으로 시작했습니다.

그리고 교재 쓰기와 책 쓰기는 다른 것 같지만 같은 부분이 있습니다. 무형의 생각을 유형으로 전환하는 과정을 거쳐서 나온다는 것입니다. 내 마음의 생각을 길어 올려서 밖으로 끄집어내고 그것을 언어화시키는 과정을 하고 나니 책 쓰기도 해볼 수 있지 않을까 하는 자신감이 조금 들었습니다. 교재 집필 전에는 꿈도 꾸지 못할 이야기인데 말이죠. 처음 책으로 제가 제일 자신 있게 이야기할 수 있는 파닉스 관련한 책을 쓰고 있습니다.

그렇게 저는 내친김에 개인 저서 준비와 더불어 공동저서도 쓰게 되었습니다. N잡의 공동저서로 집필 기회를 얻게 되었고 이제 책 쓰기는 저의 또 다른 일로 확장되고 있습니다. 책 쓰기는 언제 어디서나 내가 몇 살이 되든 가능한 일이라는 점이 더 매력적입니다. 앞으로 책을 통해서 펼쳐질 다양한 일들이 기대되기도 합니다. 지금까지 새로운 직업들은 저에게 시간과 공간의 자유를 주었습니다. 제가 원하는 시간과 장소에서 일할 수 있고 일의 양도 조절할 힘을 주었습니다. 그런 점에서 책 쓰기는 다음 저의 N잡으로 적격입니다.

나의 한계를 뛰어넘게 만드는 작은 습관

학원 사업을 하고 미국으로 건너가서 원격으로 학원 운영을 하고 교재 집필, 저자 강의와 컨설팅 등 저에게는 쉽지 않은 도전들을 이어가고 있습니다. 이제는 책 쓰기까지 영역을 넓히고 있고요. 매 순간 선택의 일들이 있고 기회가 와서 새로운 일을 시작할 때 생각하는 두 가지가 있습니다. 하나는 무언가를 시도할 때 주저하게 된다면 내가 그것을 왜 해야 하는지 그리고 내가 좋아하는지를 생각합니다. 둘 중에 하나라도 그렇다는 판단이 되면 주저 없이 일정표에 해야 할 일들을 기록합니다.

그리고 또 한 가지는, 둘 중 한 가지를 선택해야 하는 상황에서 둘 다 맞는 거 같은데 판단이 서지 않을 때는 그 일의 본질적인 것을 봅니다. 그것의 목적에 맞게 일을 결정하고 처리하면 뒤에 후회가 없고 잘못돼도 바로 잡기 쉽습니다. 설령 결과가 나빠도 시작점을 옳게 처리했기 때문에 감정적으로도 받아들이기 쉽고 다시 일어서기 쉬운 거 같습니다. 그래서 도전을 두려워하지 않습니다.

늘 고민만 하고 결정하지 못 하는 것도 그리고 결정하고 나서 실행하지 못 하는 것도 원하는 현실을 만들어 내지 못합니다. 목표가 정해지면 실행이 받쳐줘야 현실이 됩니다. 저의 실행력을 높여주는 것은 일정표입니다. 연간 일정표와 매일의 일정표를 가지고 큰 흐름은 놓치지 않으면서 매일 일에 집중하도록 두 곳에 기록합니다. 일정표라고 하면 거창해 보이고 귀찮은 일처럼 여겨 질 수도 있습니다. 시중에 많은 다양한 스케줄러가 있어서 여러 가지를 써봤지만 부담스럽고 마음에 들지 않아 저역시 제대로 안 쓰게 되었습니다. 그러다 하얀 백지의 연습장에 제가 원하는 대로 칸 지르고 마구 날려 써도 부담 없는 그런 노트에 써보니 기록하는 것 자체에 시간을 들이지 않아서 좋았습니다. 때로는 대화 내용을 메모하기도 하고 때로는 아이디어를 그리기도 하는 저의 연습장 스케줄러가 생기고 나서 하루도 빠짐없이 일정 관리를 하고 있습니다.

20대부터 소소하게 시작했던 것이 지금까지 하고 있습니다. 일정표에 올라온 일은 실행하고 하나씩 줄그어 지워갑니다. 처음엔 줄그어서 지워지는 일정들이 몇 개 안 되었지만, 시간이 지나면서 서서히 빠짐없이 실행하게 되는 저를 발견하게 되었습니다. 뭐든 처음이 어렵지 60일의 습관 만들기를 하고 나면 자동화가 되는 건 여기서도 적용이 되었습니다. 이 일정표의 습관 때문인지 일정표에 올라온 일을 끝내야만 한다는 생각이 제 안에 저 깊숙이 자리 잡게 된 듯합니다.

최근 10년간은 해야 할 일을 하지 않고 넘긴 적이 거의 없습니다. 하루를 마치면서 내일의 일정을 확인하고 하루를 시작하면서 다시 한 번 오늘의 일정을 확인하고 해내다 보니 분 단위로 일을 쳐내는 속도도 높아졌습니다. 누가 보면 세상일 다 하는 줄 알겠지만 그만큼 열심히 할 수 있는건 일정의 힘이 큰 거 같습니다. 하루가 시작되면 일정대로 움직여서 망설이거나 헛되게 보내는 시간이 적어집니다.

누구에게나 주어지는 24시간이 나에게는 72시간이 되는 이유

빠지거나 처리되지 않은 일이 없으니 자연히 좋은 결과가 나고 원하는 방향으로 삶은 진행되었습니다. 의사결정을 하는 순간은 깊게 하고, 일이 정해지면 해야 할 일들을 기록합니다. 기록된 내용은 빠짐없이 처리하고 일을 끝내게 되니 하루를 24시간이 아닌 72시간으로 쓸 수 있는 비결인 듯합니다.

이러한 습관은 한국에서 4개월간 체류하지만 12개월 치의 일을 해내도록 하는 밑거름이 되기도 합니다. 한국에 한 번 나가면 관공서의 일부터 밀린 회의까지 정해진 기간에 알뜰하게 시간을 관리하지 않으면 놓치는 일들이 많은데 저는 이미 훈련된 일이라 지금의 생활 방식을 가능하게 합니다. 완벽은 없지만, 최대치의 결과로 해내고 나니 지난 일에 자책이나 후회가 적어서 앞을 보고 더 매진할 수 있는 에너지도 비축됩니다. 매 순간 일을 판단하는 명확한 기준과 그것을 받쳐주는 저만의 습관으로 여러 개의 직업을 떠받칠 수 있는 원동력입니다.

책 쓰기도 일정 관리 노트도 처음부터 잘한 것이 아니었습니다. 교재 집필은 아주 대단한 사람들만이 한다고 생각했습니다. 그러나 포기하지 않고 도전하다 보니 재능이 만들어진 것인지 내 안의 재능을 끄집어낸 것인지도 모를 없던 재능을 살려냈습니다. 그리고 이제는 타고난 재능을 가진 듯 즐기며 할 수 있게 되었습니다. 해보지 않았다면 알 수 없었을 나의 모습입니다.

5

서로 균형 있게
걸어가는 것이 답이다

N잡의 시대에 사는 우리

저는 40대 중반입니다. 부모님 세대에서 말하는 평생직장의 개념과 우리 세대 직장의 개념이 다름을 느낍니다. 일과 직업에 대해서 부모님에게서 들을 수 있는 충고의 한계가 있는 거 같습니다. 부모님과 한 번씩 통화하면 늘 출근도 하지 않고 멀리 미국에서 한국의 사업체를 운영하는 저를 보며 걱정을 하십니다. 출근하지 않고 그렇게 멀리 있는데 사업이 되냐고. 그리고는 미국에서 할 일 없이 심심하지 않으냐고 하시지만 제가 밥 먹을 시간도 없이 바쁘게 일을 한다는 것을 이해하지 못하시는 듯

합니다. 그렇게 우리 세대는 다른 세상을 살고 있습니다.

여러 개의 직업을 갖는다는 것은 그 각각의 일들이 전혀 상관없는 일들일 수 있습니다. 다른 한편으로 한 가지에 뿌리를 두고 확장해 나가기도 합니다. 사람마다 다른 N잡을 가지는 듯합니다. 저는 옆으로 보지 못하는 성격에 하나를 깊게 파고들어서 한 분야의 일에서 확장해서 나아갔습니다. 그러다 보니 이미 알고 있는 영역에서 조금만 방향을 돌리는 것은 훨씬 수월했습니다. 또 실패의 확률이 적은 것은 시작에 대한 위험 부담을 줄여줬습니다. 나이가 있다는 것은 연륜이 있어 좋기도 하지만 쌓인 경험들로 생각이 많아져서 쉽게 나서지 못하게 되기도 합니다.

저에게 N잡은 영어학원 운영을 원거리에서 하는 것, 영어교재를 집필하고 컨설팅 하는 것, 영어 수업의 커리큘럼과 관련된 개인 저서를 쓰는 것. 모든 것이 영어와 관련된 일이고 수업과 관련된 일들이 중심이 되어서 확장해 나갔습니다. 세상의 다양한 사람들만큼이나 다양한 N잡을 가지는 거 같습니다. N잡은 스스로가 잘하는 것, 자기 스타일대로 다음 직업으로 펼쳐나가야 더 잘할 수 있습니다. 내가 신나고 재미있어야 결과도 잘 나오니까요.

N잡 사이에서 중심 잡고 살기

사람들은 묻습니다. 한 가지 일만 해도 힘든데 몇 개의 일로 힘들지 않으냐고요. 힘들기도 하지만 N잡은 나의 시야를 넓혀서 힘을 보태기도 합니다. 다른 일하면서 얻어진 경험들은 사고 체계를 유연하게 합니다. 지금 하는 일들을 새로운 시각으로 보게 해서 문제 해결에 도움을 줍니다. 다른 일에서 얻어진 정보나 아이디어로 급변하는 시대에서 뒤처지지 않는 정보의 창고 역할도 합니다. 물론 다음 걸음을 위해서는 지금 딛고 있는 이 발을 견고히 해야지만 넘어지지 않습니다. 지금 일을 부족하게 하게 되면 표가 나고 그러면 다음이 없습니다.

사회생활을 시작한 20대부터 지금 40대까지 돌이켜보면 삐거덕거린 일투성이입니다. 그 시간을 지나오면서, 일을 통해 성장하는 나의 모습은 나이대마다 다릅니다. 그때마다 쌓아온 경험들로 나이 들면서 할 수 있는 것도 많아지지만 해야 할 일도 많아집니다. 여러 일들 사이에서 중심 잡기는 쉽지만은 않은 것 같습니다.

지금의 모든 일을 원활하게 잘 하기 위해서는 균형 있는 삶이 중요합니다. 일과 여가의 균형, 일과 가족과의 균형, 일과 건강관리의 균형. 일을 펼치고 있고 나아가고 있지만 내가 균형을 잃으면 그 일도 넘어지게 됩니다. 중요하다고 생각하는 것과 일 사이의 균형을 잘 잡으면서 갈 수 있어야 N잡을 지속 가능하도록 합니다. 중심 잡기는 쉬운 것이 아닌 거 같습니다.

균형을 잡기위해서 제가 생각하는 것은 지금 그 일을 못하면 다시 돌이킬 수 있는 것인지 살펴봅니다. 대단한 성공도, 제가 원하는 어떤 일도 가족과 건강을 잃으면서 진행하게 되면 결국엔 그 일도 무너지게 됩니다. 일에 집중해서 주변을 보지 못하고 넘어지지 않도록 잠시 쉼을 하며 나의 위치를 확인하며 진행해야 합니다. 한국과 미국을 오가는 삶을 결정한 첫 번째 이유가 가족과 일 사이에서 균형 잡힌 삶을 위해서였습니다.

루저라서 가능한 지금의 나의 N잡

새로운 일의 영역으로 확장하는 순간마다 결단의 순간이 왔고 그때마다 물러나지 않고 일을 해보는 선택을 했습니다. 그 누가 시켜서 하는 것도 아니고 내가 원하는 것을 결정했습니다. 실수도 많이 하고 제대로 되지 않기도 했습니다. 중요한 것은 그다음의 상황인 거 같습니다. 삶은 기본적으로 루저의 자세로 잘 살아내기라고 말하고 싶습니다. 어떤 일을 이룬 사람보다 이루지 못하는 사람이 더 많습니다. 이룬 사람도, 한 가지 일을 해내기 위해 수많은 배움의 시간이 들어가고 시행착오 끝에 그 일을 만들어 내게 됩니다. 성공하기 전까지는 루저의 입장이죠. 못하는 것을 부끄러워하지 말고 대수롭지 않게 받아들이면 내가 덜 괴롭습니다.

더 나아가 힘들지만 즐길 수 있기를 바랍니다. 실패했지만 '이것도 못했다.'가 아니고, '이거라도 됐잖아.'라는 태도는 긍정의 힘을 키웁니다. 그렇게 작은 성공이 쌓입니다. 그러다 보면 성공의 확률이 높아지고 내 안의 성공 DNA가 강해지게 됩니다.

일이 계획대로 되지 않기도 했지만, 절박하게 답을 구하다 보니 신기하게도 다음 문이 열렸습니다. 늘 집중을 하고 최선을 다하면 다음 길이 열린다는 것을 믿게 되었습니다. 물론 그 길은 제가 생각했던 대로 오기도 하고 오지 않기도 했습니다. 그러나 다음 문이 열린 것만은 확실하고 더 많은 선택권을 준다는 것도 이제는 알고 있습니다. 그런 믿음은 나 자신을 긍정적인 사람으로 변화시켰고 그런 긍정적인 태도는 매 순간의 결정에서 일을 되는 방향으로 잡아주는 원동력이 되었습니다. 별거 아닌 거 같지만 작은 성공들이 모여 큰 성공을 만들기에 지금의 제가 있다고 생각합니다.

지금도 한국과 미국을 일 년에 두 차례 오가며 쉽지 않은 삶을 살고 있습니다. 어떤 사람에게 미국여행은 평생에 한번 가보고 싶은 곳이라서 자주 왔다 갔다 하는 것을 부러워도 합니다. 어쩌다 한 번씩 하는 여행이라면 저도 좋을 거 같습니다. 그러나 20시간 가까이 비행기를 타고 와서, 오자마자 시차 적응 없이 일하고 바쁘게 돌아가다 보면 허무할 때도 있습니다. 좋아하는 가족과 친구들을 오랫동안 보지 못하는 마음앓이도 견뎌내야 합니다. 향수병도 없을 수 없지요. 그럼에도 불구하고 이 삶을 유지하고 내일을 도전하게 되는 것은 제가 원하는 삶으로 가고 있기 때문입니다.

위기의 순간에 선택한 일들이 전화위복으로 돌아왔습니다. 일상의 달콤함 속에 아무런 변화도 하지 않고 싶지만, 결국엔 중심잡기 하며, 나를 찾아 떠났던 것이 좋은 변화와 결과를 가져와서 지금은 여러 개의 직업으로 내가 하고 싶은 일을 골라가며 할 수 있습니다. 어느 아이스크림 가게에서 골라 먹는 재미처럼 저는 일을 골라 하는 재미로 매일 살아갑니다. 저는 그런 요즘이 행복합니다.

취미를 직업으로 만든 N잡러

이용화

취미를 직업으로 만든 N잡러

(이용화)

1

좋아하는 것보다
잘하는 것 찾기

첫 직장에서 시작된 투잡러 생활

최근 N잡이라는 단어가 생기면서 지금 저에게 직업이 여러 개라는 것을 깨닫게 되었지만 되짚어 생각해 보면 저의 N잡 생활은 처음 사회생활을 시작했던, 첫 직장으로 거슬러 올라갑니다. 증권회사 고객센터에서 상담업무를 하던 저는 업무나 상담에 대한 교육을 받을 일이 꽤 많았습니다.

그중에서도 특히, 외부 강사에게 받았던 CS 강의는 이후 제 인생 전체에 영향을 미치는 계기가 되었습니다. 예쁜 외모에 딱 떨어지는 슈트, 정갈한 짧은 단발, 부드러운 미소와 따뜻한 음성, 열정 넘치고 파워풀하지만 단정하던 동작들. 그때 알게 된 'CS 강사'라는 직업은 호기심 많고 하고 싶은 것도 많은 저에게 눈이 번쩍 뜨이는 새로움이었습니다. 그때부터 며칠 밤낮을 찾고 또 비교해서 교육과정이 가장 길고 비싼 CS 교육 프로그램을 등록했습니다.

그 과정은 CS뿐 아니라 비즈니스 매너, 커뮤니케이션 같은 분야도 함께 배울 수 있었습니다. 내용들도 어쩜 그렇게 흥미로운지 앞으로 펼쳐질 새로운 인생에 대한 기대에 부풀어 피곤한 줄도 모르겠더라고요. 그렇게 일주일에 평일 이틀은 퇴근 후 수업을 듣고, 주말에도 특강이 있으면 찾아다녔습니다. 또 틈틈이 회사 사보에 CS 관련 칼럼을 기고하고 동료들을 대상으로 CS 강의를 하면서 새로운 직업으로 한 걸음을 내딛기 시작했습니다. 그렇게 일 년쯤 되었을 때 제가 들었던 CS 교육업체와 연계된 한 전문학교의 시간강사로 한 학기 동안 출강할 기회가 생겼고, 우연히 만난 저의 꿈은 두 번째 직업을 가져다주었습니다.

강사로서 사람들을 만나는 일은 생각보다 짜릿했습니다. 강단에 선 저를 바라보는 그 초롱초롱한 눈빛들이 묘하게 흥분시켰습니다. 더 많은 곳에서 더 자주 불리는 강사가 되고 싶었습니다. 고민 끝에 저는 새로운 꿈과 인생을 시작할 수 있게 해준 첫 직장을 그만두고 전문 강사의 길로 들어섰습니다.

하나에 꽂히면 앞만 보고 달리는 경주마 같은 성격에 마음이 급해졌습니다. 더 짧은 시간 안에 더 괜찮은 스펙을 갖추고 꿈을 이뤄내고 싶었어요. 제일 먼저 저의 자격지심을 부추겼던 학벌을 채우기 위해 대학에 편입했습니다. 그리고 강의에 도움이 될 만한 자격증에 집착하기 시작했습니다. 직업상담사, 컬러리스트, 메이크업 전문가 자격증도 그 시절에 따냈습니다. 에니어그램, DiSC라는 성격유형들의 강사과정도 같은 시기에 수료했습니다. 자격증과 수료한 과정들을 바탕으로 강의 영역도 천천히 넓혔고, 이력서/자기소개서 작성과 면접 특강도 진행했습니다. 그렇게 저는 다양한 분야에서 강사라는 이름으로 불리게 되었습니다.

하지만 노력이 부족했는지, 실력이 부족했는지 시간이 지나도 유명해지지는 않았습니다. 늘 제자리걸음을 하는 상황에 지칠 때쯤 지인의 추천으로 그때도 지금도 가고 싶은 회사로 손꼽히는 대기업에 입사하게 되었습니다. 입사 이후로도 한동안은 주말에 이력서/자기소개서 첨삭이나 CS 모니터링 아르바이트를 했습니다. 하지만 곧 근무하던 층에서 제일 일찍 출근하고 제일 늦게 퇴근하느라 다른 팀 동료들에게 "집에는 가냐?"는 인사를 받을 정도로 바빠져서 강의 일은 물론 아르바이트도 할 수 없었어요. 바쁜 하루하루로 다른 일(業, Job)을 가질 순 없지만, 직장인으로만 살려니 집, 회사, 집, 회사인 단조로운 일상이 쉽지는 않았습니다. 그때부터였어요. 투잡러가 취미 부자로 탈바꿈한 계기는.

이 시기에 저는 새벽에는 영어학원에 다니고, 평일 저녁에는 복싱, 요가, 필라테스, 러닝 같은 운동을 했습니다. 일주일에 한 번은 해금을 배우고, 주말에는 작은 오븐으로 여기저기 선물할 빵과 케이크를 구웠습니다. 또 가끔 일정에 여유가 생기면 휴가를 내서 국내외를 가리지 않고 여행했습니다. 취미도 한 가지만으로는 만족하지 못했고, 시작하면 잘하지는 못해도 지나칠 정도로 열심히 했습니다. 취미만 해도 한 달은 거뜬히 보낼 수 있었고 늘어나는 취미용품(살림)만으로도 작은방 하나는 충분히 채울 수 있을 정도였으니까요.

안정적인 직장인으로의 생활은 꽤 오래 유지되었습니다. 덕분에 30대의 대부분을 '취미 수집가'로 지낼 수 있었거든요. 그 기간에 다양한 취미와 함께 그동안 꼭 하고 싶었던 대학원 공부도 무사히 마쳤습니다. 그리고 두 번의 이직을 거쳐 작은 스타트업의 인사팀장으로 자리를 옮겼습니다. 새로운 직장은 이전에 다니던 회사들에 비해 규모도 훨씬 작고, 업무량도 많지 않은 회사였어요. 여유가 생기니 스멀스멀 다른 생각이 자꾸 떠올랐습니다. 마치 메인 식사 다하고 나니 매력적인 디저트가 생각나는 것처럼 말이죠.

기대하지 않았던 또 다른 직업, '스커트 디자이너'

그때 저의 관심 분야는 패션이었습니다. 세상에 예쁜 것들은 왜 이렇게 많은 거죠? 옷부터 구두, 가방, 액세서리, 화장품까지 좋아하지 않는 게 없었어요. 예쁜 것이라면 가격도 따지지 않았습니다.

쇼핑센터가 없는 외진 곳으로 여행을 가도 제 눈에 보배인 아이들은 꼭 있었습니다. 시골 오일장이든 외국 플리마켓이든 어쩜 제 눈엔 그렇게 잘 보일까요? 휘뚜루마뚜루 쓰기 좋은 스카프도, 원피스에 잘 어울릴 알이 큰 진주 목걸이도, 특별한 자리에 들고 가면 좋은 클러치도 기가 막히게 찾아냈습니다. 기대 없이 맘에 쏙 드는 아이들을 만나면 그렇게 신나더라고요. 반대로 머릿속에 있는 아이템이 현실에 없으면 실망감이 말도 못 했습니다. 특히 스커트가 그랬습니다. 입고 싶은 디자인의 스커트가 있는데 괜찮다 싶으면 소재든, 길이든, 가격이든 뭔가 하나는 별로인 상황이 반복되었습니다.

결국, 찾다 지친 저는 직접 만들기에 도전합니다. 의상에 대한 기본 지식은 없지만 제게는 머릿속 디자인이 있고, 의상실을 하셨던 솜씨가 훌륭한 전문가인 엄마가 계셨으니까요. 생각하는 모양새를 말로만 설명해도 어쩜 그렇게 이해가 찰떡인지 원단만 있으면 예상보다 더 훌륭한 스커트가 만들어졌습니다. 그리고 내가 입으려고 만든 그 스커트들은 주위 사람들과 블로그를 통해 주문받게 되었습니다. 그렇게 '스커트 디자이너'라는 전혀 기대하지 않았던 또 다른 직업을 얻게 되었습니다.

'스커트 디자이너'는 해 왔던 일, 배웠던 내용, 해본 일과 관련이 있던 그동안의 일과는 전혀 다른, 완벽하게 새로운 도전이었습니다. 쉽게 보고 덤볐던 건 아니지만 간단해 보여도 전문지식 없이 의상을 디자인하는 일은 정말 힘들었어요. 의상이나 디자인에 대한 기본도 기본이지만 원단 시장에서 원단을 고르는 것도, 상인들과 커뮤니케이션하는 것도, 만들고 유통하는 것도 그 어느 것 하나 익숙해지는 것이 없었습니다.

이제껏 해본 일 중에 가장 난도가 높은 일이었습니다. 모든 일이 다 그렇겠지만 직업으로써의 의상은 오랜 시간을 들여 기초부터 탄탄히 다지고 배워서 현장에서 부딪히며 몸으로 익히는 것이 꼭 필요하다는 걸 배웠습니다.

사회생활을 시작한 후의 시간을 돌이켜보면 저는 늘 한 가지 직업만으로는 만족하지 못했었네요. 직업이 아니라면 취미라도 여러 개를 가지면서 참 열심히도 살았구나 싶기도 하고, 이게 팔자구나 싶기도 합니다.

N잡, 좋아하는 일만큼 잘하는 것도 중요합니다

N잡러는 의도하고 계획해서 되기도 하지만 저처럼 어쩌다 보니 되기도 하고, 나중에 보니 그랬었구나 하기도 합니다. 그리고 그저 좋아서 하다 보니 우연히 얻어진 N잡은 새로운 도전이 되기도 하고 삶의 활력이 되기도 하지요. 하지만 좋아하던 그 일이 또 하나의 직업이 되면 좋아하는 것만으로는 충분하지 않습니다. 취미가 직업이 되는 순간 내가 제공

하는 모든 것은 상품이나 서비스가 됩니다. 그리고 그 품질에 대한 책임이 생깁니다. 그림자처럼 따라오는 수많은 경쟁자는 덤이죠. 따라서 반드시 잘해야 합니다. 제게 스커트는 좋아하는 일이지만 잘하는 일은 아니었습니다. 스스로 자신이 없다 보니 충분히 넘길 수 있는 상황도 넘어야 할 큰 산이 되었습니다. 그리고 별것 아닌 질문도 어마어마한 스트레스가 되어 저를 괴롭혔어요. 결국, 저는 그 부담을 이기지 못하고 '스커트 디자이너'라는 직업을 포기하게 되었습니다.

좋아하는 일을 N잡으로 생각하고 계신다면 이 일을 내가 얼마나 잘하는지도 객관적으로 살펴보시면 좋겠습니다. 주변의 "잘한다"라는 칭찬으로는 부족합니다. 내가 보기에 잘하는 것 같은 정도로도 마찬가지입니다. 만일 물건을 직접 만들고 계신다면 플리마켓이나 온라인을 통해 한번 판매해 보세요. 나와 관계없는 사람들이 얼마나 내 상품에 관심을 가지고 구매하는지. 그리고 만들고 판매하기까지 전체 과정에서 가장 어려운 점은 어떤 부분인지. 내가 충분히 감당할 수 있는지.

내가 정말 잘하고 있고 충분히 잘 해낼 자신이 있는지 꼼꼼하게 살펴보세요. 만일 결과가 Yes라면, 이미 그 일을 단 하나의 직업으로 삼고 있는 수많은 경쟁자와의 경쟁도 담대하게 이기는 힘이 될 것입니다.

2

N잡러의 기본,
시간 관리

저의 본캐는 직장인입니다

현재 저의 첫 번째 직업이자 '본캐'는 직장인입니다. 일주일 중 평일 5일은 전체 인원이 10명이 안 되는 작은 스타트업에서 피플앤컬쳐팀의 리드로 지내고 있습니다. 여기서 피플앤컬쳐는 쉽게 말해 경영지원 업무를 하는 팀을 의미합니다. 지난 직장 생활 20년 동안 저는 CX 기획/운영 담당자 혹은 관리자, 혹은 피플팀장이나 인사팀장이었습니다. 지금은 인사 외에도 총무나 재무 업무는 물론 법무 이슈와 관련된 업무도 하고 있습니다. 또 내부 교육이나 법인 정보, 주주총회도 챙기고 있습니다. 해오던 업

무들과는 많이 다르고 관련 경험이나 지식이 거의 없다 보니 날마다 우당
탕하며 정신없는 일주일을 살고 있습니다.

일은 조금 낯설지만, 저의 일주일은 딱 떨어지는 시간표처럼 규칙적으
로 돌아갑니다. 월요일엔 자금 관리에 집중하고, 화요일과 목요일엔 사
무실과 관련된 업무를 주로 합니다. 금요일엔 주 단위로 발생하는 비용
을 지급하거나 계약서 업무나 세금계산서 발행하는 일을 합니다. 한 달
도 비슷합니다. 월초와 중순, 말에 하는 일들이 정해져 있고, 일정에 따
라 움직입니다. 예측할 수 있고 시간에 맞춰 규칙적으로 생활하는 것이
익숙하고 편안한 제 성격에도 딱 맞습니다. 저는 혼자 차근히 살펴보며
뚝딱뚝딱할 수 있는 일들이 좋더라고요.

예를 들면, 지난주와 이번 주의 사용 자금을 살펴보는 일이나 매월 사
용 비용을 정리하는 일은 숫자에 약한 저에게 여전히 어렵지만, 전혀 불
편하지 않습니다. 내/외부에 필요한 계약서를 작성하고 살펴보는 일도
흥미롭습니다. 분기에 한 번꼴로 회사에서 행사를 진행할 때는 준비나
진행을 지원하기도 합니다. 더러는 외부 수강생을 대상으로 강의하기도
하고, 네트워킹을 위한 모임에 나가기도 합니다.

제가 회사에서 하는 일들은 요일 단위, 주 단위, 월 단위로 반복되는
일들도 있지만, 오늘까지 해야 하는 일 혹은 오늘이 아니면 안 되는 일들
도 많습니다. 늘 처음 겪는 일들이라 긴장을 풀 수 없고 직접 해결해야

하는 일들이 대부분입니다. 덕분에 저의 매월 캘린더는 늘 빽빽하게 채워지고 있는데요. 그래도 일정에 따라 완수하고 끝맺음이 명확한 일들이라 마음에 쏙 듭니다. 업무의 가짓수가 많은 것도, 기한이 촉박한 것도, 일정표가 촘촘한 것도 제게는 늘 깨야 하는 퀘스트처럼 도전적으로 느껴집니다. 계획한 일정대로, 순서대로 착착 맞아 돌아가면 그게 그렇게 좋을 수가 없어요. 해야 할 일들이 있고, 할 수 있고, 처음이라도 해보면 알 수 있을 거라는 자신감이 마음을 편안하게 만들어 줍니다.

바쁜 것이 싫지 않은, 어쩔 수 없는 N잡러

참 이상하죠? 일이 바쁘면 싫어야 하잖아요? 조금 덜 바빠야 시간도 벌고 쉴 수도 있는데, 왜 바빠도 편안할까요? 그게 저도 조금 신기합니다. 하지만 바쁜 게 싫었다면, 애초에 시작도 하지 않았을 거예요. 제가 지금 회사로 이직한 지 1년이 조금 넘었는데 처음 제안받았을 때부터 알았거든요. 이직하게 되면 어마어마하게 바빠질 거라는 것. 제가 워커홀릭이냐? 그건 또 아닙니다. 그저 일복 넘치는 평범한 직장인일 뿐입니다. 다만, 할 수 있는 일이고 그 일이 누군가에게 필요한 일이라면 그게 위안이 되었습니다. 처음 하는 일이지만 다행히도 저한테 잘 맞는 일이라 신나게 해내고 있습니다.

그렇게 저는 제 시간 중의 많은 시간을 직장인으로 살아가고 있습니다. "그 많은 일을 혼자 다 하신다고요?"라는 말을 인사처럼 들을 정도로 바쁜 일상입니다. 그럼에도 불구하고 현재의 직장과 제 일에 충분히 만족하고 있습니다. 하지만 직장이 만족스럽고 상당한 업무량으로 하루가 빠듯한 상황에도 호기심 많고 욕심 많은 저는 살짝 허전했습니다. 이 바쁜 와중에 허전함을 느꼈다는 점이 바로 다들 놀라는 부분입니다. 어쨌든 놀랍게도 허전함을 참을 수 없었던 저는 여러 취미를 통해 제가 좋아하고 잘할 수 있고 오래 할 수 있는 일을 찾아냈습니다. 저의 '부캐' 플로리스트 말입니다. 그리고 평일 업무 시간에는 직장에서 '천수관음보살'이라는 별명으로, 평일 업무 이후 시간과 주말, 휴일에는 부캐인 플로리스트이자 강사로 살아가고 있습니다.

N잡러의 불안함 완화는 시간 관리부터 시작됩니다

N잡러들 중에 '본캐'라 불리는 원래의 직업이 시간적 여유가 있어 N잡러가 된 경우는 흔치 않을 거라 생각합니다. 오히려 '본캐'만으로도 충분히 바쁘지만, 그 일상을 쪼개 또 다른 직업, '부캐'를 갖고 계시지 않을까 싶은데요. 어떤 상황에 계시던 N잡러가 되기를 원하신다면 정해진 시간을 중요도와 긴급도에 따라 잘 배분하는 것이 중요합니다.

그러려면 저처럼 직장인이자 프리랜서이든, 프리랜서이면서 또 다른 분야에서 프리랜서나 사업자이든 각각의 영역을 해치지 않기 위해서는 본인의 역량을 아는 것이 필수일 것입니다. 그래야 내가 할 수 있는 만큼이 어느 정도인지를 판단하고 시간 배분을 할 수 있기 때문입니다.

처음 N잡러가 되면, 새로운 수입이 생기는 신기함에 스스로 소화할 수 있는 것보다 무리하기가 쉽습니다. 이때 욕심이 앞서 시간을 효율적으로 사용하지 못하게 되면 나의 상품이나 작품의 퀄리티를 보장할 수 없게 됩니다. 또, 그로 인해 평판이나 리뷰에 부정적 영향을 미치게 된다면 이를 회복하는 데는 더 많은 에너지와 시간을 쓰게 됩니다. 그 과정에서 나에게 가장 소중한 자산인 건강을 잃게 된다면 어렵게 얻은 나의 소중한 직업들을 유지할 수 없게 되는 것은 물론입니다.

저도 처음엔 뭐든 할 수 있을 것 같은 의욕과 해보고 싶은 욕심에 잠자는 시간도 줄이고 쉬는 날도 없이 무리하기도 했습니다. 하지만 몸이 피곤해지면서 마음도 조급해지고, 집중력이 떨어지게 되었습니다. 그러면서 직장에서도 사소한 실수를 하게 되고, 꽃 상품을 내보내면서도 흡족하지 않았습니다. 이런 상황들이 반복되면서 자신감을 잃게 되니 어느새 소극적인 직장인, 주문을 피하는 플로리스트가 되어가고 있었습니다. 이렇게 하다간 N잡은커녕 아무것도 안 되겠다 싶었던 저는 각각의 직업들을 위해 물리적으로 시간을 나눴습니다. 그리고 나눠진 시간에는 딱 그일과 관계된 일들만 시간 계획을 세워서 실행하기 시작했습니다. 시간을 분리하니 집중하기가 좀 더 쉬워졌습니다. 그리고 불안함이나 조급함도 조금씩 나아졌고, 자신감도 서서히 회복했습니다.

저처럼 앞서는 의욕으로 고민이라면 무작정 불안한 마음을 다스리기보다 시간 관리에 집중해 보세요. N잡러로 일과 일에 치여 허덕이는 것이 아니라 바쁜 일상에서도 일과 삶의 밸런스를 유지하고 N잡이 주는 행복을 느끼실 수 있을 것입니다.

3

취미에서 새로운 직업을
찾아라

'취미부자'가 꽃을 접하다

저는 자타공인 '취미부자'입니다. 취미는 저에게 바쁜 일상의 쉼을 주는 '아지트'이자 새로운 에너지를 부스팅 하는 '활력소'였습니다. 30대 중반까지 저는 취미를 멋져 보이고, 사람들이 많이 하지 않는 것 중에서 골랐습니다. 예를 들면, 복싱이나 해금 연주 같은, 흔하지 않으면서도 듣는 사람들이 "우와!" 할 수 있는 그런 것들 말입니다. 왠지 모르지만, 인정받는 것 같았습니다. '훗! 내가 이 정도라고!' 하고 싶었나 봅니다. 그러다 30대 후반이 되고부터는 오롯이 혼자 즐길 수도 있고 사람들과 함께

할 수도 있는 그런 취미들을 찾기 시작했습니다. 러닝이나 클라이밍 같은 취미들이요. 그때까지는 취미를 직업으로 삼을 수 있다는 생각은 전혀 하지 못했습니다.

그러던 중 다니던 회사 사무실 1층에 꽃 판매와 클래스 운영을 함께 하는 플라워카페가 오픈합니다. 웃는 모습만큼 마음도 곱던 사장님은 꽃을 보는 센스도 남달라서 참 예쁜 꽃들로만 잘 가져오셨습니다. 그전까지 저는 먹지도 못하고 일주일밖에 못 보는 주제에 비싸기만 한 꽃 선물이 제일 이해하기 어려운 사람이었지만 플라워카페 덕분에 꽃에 대한 호기심이 슬슬 일었습니다. 꽃을 유난히 좋아하던 친한 동료를 따라 한 송이씩 사다가 나를 위한 다발도 사는 '통 큰' 소비도 시작했고 크리스마스 원데이 클래스로 꽃꽂이 체험을 해보기도 합니다.

와! 근데 이게 웬걸? 그동안 세상 쓸데없는 '고급 취미'라고 생각했던 '꽃꽂이'가 이렇게 재미있을 수 있나요? 꽃 자체만으로도 예쁘지만 모두 다르게 생긴 하나하나를 모아서 무언가를 만드는 게 좋았습니다. 꽃은 찍어낸 기성품이 아니다 보니 생각했던 대로 결과 나오기가 어려운데요. 급하기로는 둘째가라면 서러운 성격의 제가 꽃에 대해서는 원래 마음대로 안 되는 거라고 생각하니 그 마음도 다스려졌습니다. 그리고 무엇보다 내 손으로 만든 결과물을 볼 때면 더할 나위 없이 행복하고 좋았습니다.

이거다 싶었던 저는 본격적으로 교육과정을 찾기 시작했습니다. 그러잖아도 언제까지 직장인으로 살 수 있을지가 고민이던 차에 잘하면 제2의 인생 시작이 가능하겠다 싶은 마음도 들었거든요. 일단 재미는 있는데, 과연 재능이 있는지도 궁금했습니다. 신중하게 과정을 고르던 중에 지인에게 선생님 한 분을 소개받았습니다. 우리나라 프렌치 플라워 1세대인 훌륭한 분이셨습니다. 가장 빠른 일정으로 선생님과의 수업을 시작했고 동시에 규모가 큰 학원에서 다른 교육도 들었습니다. 평일에는 직장인으로 근무하고 토요일과 일요일은 각각 다른 곳에서 종일 교육을 받으며 보내기를 꼬박 1년. 계절별 꽃에 대한 감도 익히고, 시장과 친해질 수 있게 매주 꽃 시장도 다니면서 지인의 주문을 받아 판매도 조금씩 시작했습니다.

취미가 새로운 직업이 되기까지

꽃은 배우면 배울수록, 하면 할수록 더 재밌고 더 잘하고 싶었습니다. 그렇게 1년을 보내고 나니 배우고, 시장 다니고, 연습하면서 들어간 비용이 천만 원을 훌쩍 넘었고, 충분히 경험했다는 생각이 들었습니다. 앞으로 다가올 노후를 위해 좀 더 적극적인 도전이 필요하겠다 싶었습니다. 무언가 시작하기에 좋은 시기는 아닐 수 있지만 언제 좋아질지 모르는 상황에 손 놓고 경기가 좋아지기만을 기다릴 수는 없더라고요.

안 되도 할 수 없다는 생각으로 일단 작업실을 얻었습니다. '플레르욘'이라는 이름으로 사업자 등록을 하고, 네이버 플레이스에도 등록했습니다. 꽃을 시작하면서 함께 시작한 인스타그램에도 더 열심히 피드를 올리고 저만의 굿즈도 조금씩 만들었습니다. '지금 당장 반응이 오지 않을 수도 있다. 꾸준히 해보자'는 마음이었습니다. 조급해하지 않고 꾸준히 실력을 쌓고 나만의 히스토리를 쌓으면 시간은 내 편일 거라는 '근자감' 혹은 믿음이었습니다. 당장 작업실 월세만큼도 벌 수 없을지 모르지만, 저에게는 직장이 있어서 조금 덜 불안했을지도 모르겠습니다.

비슷한 시기에 지금의 직장으로 옮겨 전혀 새로운 업무를 맡게 되면서 적응해야 하는 부담감이 적지 않았는데요. 먼저 새로운 직장에서의 적응에 무게를 두고, 꽃 일은 조금씩 서서히 진행하기로 했습니다. 물론 조금 천천히 가는 것일 뿐 매 순간 진심으로 고민하고 최선을 다했습니다. 훌륭한 선생님이 계시면 전국 어디든 갔습니다. 덕분에 일주일이 '월화수목금금금'이 되어도, 4시간짜리 수업을 위해 왕복 6시간을 운전해도 마냥 즐겁기만 했습니다. 그렇게 일 년을 또 보내고 저는 어느새 플로리스트 3년 차가 되었습니다.

그리고 드디어 3년 차에는 조금씩 상황이 달라지기 시작했습니다. 직장에도 잘 적응했고, 여전히 많지는 않지만, 지인 위주였던 주문들이 점차 새로운 고객들의 주문들로 이어졌습니다. 사실, 인스타그램의 팔로우 수도 겨우 300명 남짓이고, 우연히 지나다 볼 수 있는 위치도 아니고, 딱히 광고하는 것도 아니었습니다. 그런데도, '플레르욘'을 찾아 주문하고 클래스 문의하는 고객들이 그저 신기했습니다.

찾아주시는 분들이 감사해서 매번 정성을 다하다 보니 만족도도 꽤 큰 편이었습니다. 역시 조급해하지 않으니 서서히 흐름을 타는구나 싶어서 위안이 되었습니다. 괜찮다고는 했지만, 불안한 마음이 아예 없는 건 아니었거든요. 늘 '걱정 인형'이라고 불릴 만큼 걱정이 많은 저였지만, 이제 걱정하기보다는 저를 믿고 나가는 중입니다. 아직 갈 길이 멀지만, 이제는 플로리스트로서 더 성장할 일밖에 없으니까요.

나를 설레게 하는 '무언가'를 찾아 시도해 보세요

저의 N잡들은 제가 자고 있어도 수익이 생기는 구조는 아닙니다. 제가 움직이는 만큼 매출이 생기는 일이라 제가 재미를 느끼지 못하거나 지치면 N잡을 유지하기 어렵습니다. 그동안 저는 넘치는 호기심 덕분에 이것저것 접해볼 기회가 많았습니다. 그리고 매번 저의 N잡들은 N잡러가 되겠다는 거창한 계획이 아니라 일단 한 번 해보는 것에서 시작되었습니다. 물론 그 일들은 예상만큼 간단하지 않아서 중간에 포기하게 되는 일들이 많았지만 말입니다.

저는 20년 차 직장인입니다. 그리고 동시에 플로리스트로 살고 있습니다. 그 수많은 취미 중에 가장 행복하게 하고 지치지 않게 하는 꽃이 지금 저의 N잡이 되었죠. 꽃을 처음 시작할 때는 재미는 있었어도 이렇게 푹 빠지게 될 줄 몰랐습니다. 그리고 앞으로도 꽃을 만지며 행복할 생각을 하니 이후로 20년도 기대가 됩니다.

N잡러가 되고 싶은데 어떻게 시작해야 할지 모르겠다면 일단 가지고 있는 취미나 관심 있는 분야를 체험하는 것부터 시작해 보시면 어떨까요? 그리고 나의 엔도르핀을 샘솟게 하는 '무언가'를 찾아보세요. 그 '무언가'가 나를 행복한 N잡러의 길로 인도할 테니까요.

4

조급할수록 묵묵하게
버텨라

행복하지만 불안한 플로리스트

저는 꽃이 참 좋았습니다. 꽃을 만지기 시작한 이후로는 아무리 피곤해도 꽃 시장만 가면 눈이 초롱초롱해지는 게 활기가 돌았습니다. 또 꽃을 만지고 만들 때면 세상을 다 가진 것처럼 그 순간을 즐기게 되었습니다. 그뿐 아닙니다. 저는 상당히 급한 성격입니다. 예상하고 계획했던 대로 되지 않으면 금세 예민해지는데요. 제각각 모양이 다 다른 꽃은 내 마음대로 되지 않을 때가 더 많았는데도 이상하게 짜증이 나지 않았습니다. 오히려 포기하지 않고 살살 어르고 달래면서 제가 맞추게 되었습니다. 꽃을 만질 때만큼은 더없이 평온하고 행복해지는 저의 모습이 제가 플로리스트를 시작한 가장 큰 이유였습니다.

하지만 사업자를 내고 한동안은 매출이 거의 없었습니다. 그도 그럴 것이 제 작업실은 오피스텔의 7층 가장 끝 집이라 지나가다 우연히 들른다는 것은 불가능한 일입니다. 오프라인에서 쉽게 만날 수 없으니, 온라인에서라도 만나기 쉬워야 할 텐데요. 작업실이 있는 지역에는 유난히 꽃집이 많아서 네이버 플레이스에서 "플레르욘"을 찾으려면 리스트를 한참 내려야 찾을 수 있습니다. 인스타그램에서도 마찬가지입니다. 이런 상황이니 지인들과 끈기 있게 검색하는 몇몇 고객들의 주문이 아주 드물게 있을 뿐이었습니다.

취미로 시작은 했지만, 창업을 염두에 두고 배우기 시작한 꽃이었습니다. 만들고 배우는 동안은 매번 너무 행복하고 좋았습니다. 하지만, 이걸 팔아야 한다고 생각하면 자신감은 후드득 떨어졌습니다. 어쩌다 그 험난한 검색의 강을 건너 손님들이 찾아오셔도 '어떻게 알고 오셨을까?', '기대와 달라 만족하지 못하시면 어쩌나?' 싶어서 걱정이 앞섰습니다. 인스타그램을 훑어만 봐도 잘하는 사람들이 진짜 많았거든요. 주문이 들어와도 잘 해낼 자신 없으면 가끔은 "지금은 어렵다"고 거절하기도 했습니다.

이런 상태로 6개월이 지나고 나니 더는 안 되겠다는 생각이 들었습니다. 이미 사업은 시작했고, 아무것도 해보지 않은 상태로 그만둘 수는 없었습니다. 주문이 없더라도 꾸준히 시도했습니다. 다양한 판매 상품을 만들고 '플레르욘'의 브랜딩을 위해 작은 굿즈들도 틈틈이 만들었습니다. 또, 요청이 있으면 이전에 한 번도 안 해본 것이라도 기회라고 생각하고 일단 수락했습니다. 그리고 만드는 시간을 온전하게 집중해서 즐겼습니다.

찾기 어려운 저를 찾아와 주시는 분들이 감사한 만큼 들어온 주문에는 두 배, 세 배 진심을 담아 최선을 다했습니다. 어떤 때는 "그 상품은 저도 처음이지만 만족할 수 있게 예쁘게 만들어 드릴 테니 믿어 달라"고 솔직하게 털어놓기도 했습니다. 다행히 저의 진심이 느껴졌는지 고객들은 믿어주셨고 결과물에도 만족해 주셨습니다. 가끔은 피드백이 궁금한데 별다른 반응이 없을 때는 며칠 후 괜찮았는지 연락해 확인하기도 했습니다. 제 인생에서 이렇게 적극적이고 능동적이었던 때는 없었습니다. 역시 묵묵히 하니까 알아주시는구나 싶었고, 바닥에 붙어 있던 자신감도 조금씩 회복하기 시작했습니다.

선물처럼 찾아온 기회를 잡으려면 준비가 필요합니다

제가 플로리스트를 시작하면서 하고 싶었던 것 중의 하나는 클래스였습니다. 여러 상품을 만들면서 클래스 공지도 했었지만, 두려운 마음에 적극적으로 뭘 해보지는 않았습니다. 그러다가 저의 자신감 부족이 이런저런 핑계를 대며 피하고 있다는 것을 깨닫게 되었습니다. 더는 피하지 말자는 마음으로 크리스마스를 앞두고 시즌 상품과 함께 클래스도 준비했습니다. 인스타그램과 블로그, 네이버 플레이스에도 반복해서 노출하고 여러 취미 플랫폼에도 등록했습니다. 그 영향인지 크리스마스 상품 주문도 늘고, 클래스 문의도 꽤 들어왔습니다. 클래스 오픈 후 6개월 동안 한두 건에 불과했던 문의량에 비하면 엄청난 반응이라 신이 났습니다. 문의를 통해 실제 클래스로 연결된 케이스도 꽤 있어서 더 좋았습니다.

한참 들떠 있던 어느 날, 옛 직장동료에게 카톡이 왔습니다. 인스타그램을 통해 서로 근황은 알고 있었지만, 예상치 못한 갑작스러운 연락이었어요. 그녀는 가벼운 인사 후 "인스타그램 피드는 잘 보고 있다. 덕분에 힐링이 많이 되고 있다. 친한 동료가 꽃꽂이 동호회를 만들려고 하는데 강사를 찾고 있다. 혹시 추천해도 되겠냐?"고 물었습니다. 마다할 이유가 없었어요. 냉큼 하겠다고 대답했습니다. 퇴사 후 8년 만에 온 그녀의 연락은 저에게 크리스마스 선물이었습니다.

그녀 덕분에 12월의 마지막 주에 10명의 수강생과 첫 수업으로 '크리스마스 화병꽂이' 클래스를 진행했습니다. 10명인 수업은 처음이라 준비하면서 설레기도 했고 걱정도 되었습니다. 어떤 아이템으로 진행할지, 어떤 꽃을 준비할지, 어떻게 해야 잘 전달할 수 있을지 고민하는 시간은 저에게도 큰 배움의 시간이었습니다. 무엇보다 자신이 만든 결과물을 보고 행복해하는 수강생들을 보니 제 상품에 만족하는 분들을 보는 것만큼 뿌듯함이 느껴졌습니다.

클래스를 시작한 지 3개월쯤 되었을 때 현재 동호회의 만족도가 높아서 하나 더 만들려고 하는데 이번에도 맡아 줄 수 있느냐는 질문을 받았습니다. 이미 사람은 모아놨고 오픈 한 시간 만에 정원이 마감되었다면서 말입니다. 기분이 어찌나 좋던지 이번에도 얼른 수락했습니다.

크리스마스 선물로 찾아왔던 클래스는 제게 복덩이였습니다. 아직 안정적이라 말할 순 없지만, 이후로 매출도 점점 오르고 있고요. 작업실에서 진행되는 원데이, 취미반 클래스도 점점 늘고 있습니다. 또 가끔은 제 본캐의 전공을 살려 플로리스트 사장님들 대상 특강을 진행하기도 합니다. 그리고 이제 저는 어떤 상황에서도 흔들리지 않을 자신이 생겼습니다.

조급할수록 흔들리지 말고 묵묵히 걸어가세요

저는 20년 동안 직장에서 해 온 것과는 전혀 다른 분야의 플로리스트라는 직업을 N잡으로 선택했는데요. 저처럼 N잡으로 새로운 일을 선택했다면 조급해하지 않는 것이 가장 중요하다고 생각합니다. 무언가 해보지 않았던 일을 또 다른 직업으로 도전할 때는 설레고 기대되는 만큼 불안한 마음이 들 수 있습니다. 안 해본 일인데 과연 잘할 수 있을까? 이미 잘하는 사람들이 많은데 내가 할 수 있을까? 하면서요. 마치 제가 그랬던 것처럼 말입니다.

처음부터 완벽한 결과물이나 큰 수익을 기대하지만 않는다면 가능합니다. 더불어 반응 여부에 일희일비하지 않고 조금씩 성장하는 자신을 바라봐 주는 용기도 필요합니다. 타인과의 경쟁보다는 자기만의 레이스에서 승리하는 게 먼저입니다. 그렇다고 무작정 느긋하게 기다리기만 하면 안 됩니다. 현재 본캐인 직업에서 꼬박꼬박 들어오는 수입이 있는 상황이라면 좋겠지만 그게 아니라면 정기적인 수입을 만드는 창구를 먼저 만드는 것이 중요합니다.

N잡은 금전적으로 좀 더 여유로운 삶을 살기 위해서이기도 하지만, 더 행복한 인생을 위한 것이라 생각합니다. N잡은 겉에서 보기에는 그럴듯해 보입니다. 하지만 정해진 시간을 두 개 이상의 직업에 배분해야 해서 일상을 살아가는 것만으로도 빠듯합니다.

만일 내가 N잡러로 행복하지 않다면 건강이 상하는 것은 물론이고 일상도 피폐해질 수밖에 없습니다. N잡러가 되기 위해 새로운 직업에 도전하고 싶은 분들이라면, 조급해지려는 마음을 얼마나 버려낼 수 있을지 신중하게 생각해 보시면 좋겠습니다. 그리고 자신이 있다면 바로 도전하세요. N잡은 여러분에게 선물이 될 것입니다.

5

작은 성공 경험이 쌓아 올린
시너지 효과

N잡러의 점점 커져가는 불안감

현재의 저는 직장인이자 플로리스트입니다. 처음 꽃을 배우기 시작할 때는 지금의 월급만큼은 아니더라도 안정적으로 수익을 만들어 내는 노후의 직업으로 삼아야겠다는 생각이 막연하게 있었습니다. '다행히 재능이 아예 없는 것 같지는 않으니 열심히 하면 보통 이상은 하지 않을까?'라고 생각했습니다.

하지만 알면 알수록, 하면 할수록 '플로리스트'라는 직업이 생각보다

만만치 않았습니다.

먼저 꽃집이 너무 많습니다. 어디 카페뿐인가요? 치킨집이나 편의점도 마찬가지입니다. 직장을 다녀서는 오래 살아남을 수도, 부자가 될 수도 없다는 걸 잘 아는 사람들이 비슷한 업종의 자영업에 뛰어들면서 점차 과잉 경쟁으로 넘어가게 됩니다. 꽃집도 크게 다르지 않습니다. 실제로 제 작업실은 카페가 많은 번화가에 있는데요. 200m정도 되는 큰길에 눈에 띄는 큰 꽃집이 여섯 개입니다. 골목 안에 있는 작은 꽃집들은 제외했지만, 지금도 계속 늘어납니다. 이 꽃집들과 차별점이 있다고 하더라도 큰길가도 아니고 오피스텔 구석에 꼭꼭 숨어있는 제 작업실을 찾아온다는 것은 기적이겠구나 싶었습니다.

두 번째, 생각보다 많은 품이 듭니다. 꽃의 신선도를 유지하기 위해 새벽시장을 다니려면 밤잠을 설치는 일은 흔합니다. 꽃이나 바구니, 포장용품 같은 부자재를 이동하려면 적잖은 힘도 필요하고요. 식물도 함께 다룬다면 화분이나 포대에 담긴 흙이나 자갈 같은 것들도 옮겨야 합니다. 플로리스트가 되기 전에 제가 상상했던 예쁜 꽃을 만지는 우아한 꽃집 사장님은 상상 속에만 있더라고요.

세 번째, 꽃이라는 것이 개인의 취향에 따라 선택될 가능성이 훨씬 크지만 이미 센스 있게 잘하는 분들이 너무 많습니다. 열심히 그리고 꾸준히 한다고 하지만 특별히 잘하는 것처럼 보이지 않는 내가 과연 그 안에서 살아남을 수 있을까 싶어 자신감을 슬슬 잃어가고 있었습니다.

게다가 제가 N잡이라는 사실은 저를 더 불안하게 만들었습니다. 회사에서 제가 하는 일은 오랜 직장 생활 동안 해 오던 전문 분야는 아니지만, 정해진 일정이 있고 숫자를 맞춰야 하는 일이라 집중력이 필요한 일입니다. 다른 사람이 대신할 수 있는 일이 아니라 맡길 수도, 미룰 수도 없습니다. 회사 일을 하는 평일에는 온전히 직장인으로 정신을 '바짝' 차려야 합니다. 제가 플로리스트라는 부캐가 있으니 회사 일을 조금 덜 하거나 업무 퀄리티에 부족함이 허락되지 않는 것이 당연합니다. 또, 제가 직장인이라는 본캐가 있다고 만드는 꽃 상품의 품질이 조금 부족한 것에 대한 양해의 이유가 되지는 않습니다. 하나만 열심히 해도 잘하기 어려운데 두 가지를 한 번에 하는 게 내 욕심은 아닐까 하는 걱정은 점점 커졌습니다.

어려울 때마다 나를 버티게 하는 힘, 작은 성공

사실, 처음에는 '지치지 말자. 급하지 않다.', '언젠가는 될 거다.', '난 오래갈 거다.', '버티는 놈 못 이긴다.'는 마음으로 시작했지만, 반응이 없는 상태로 6개월, 1년을 버틸 때는 정말 힘들었습니다. 찾아주는 사람이 없고, 매출이 없다고 품이 적게 드는 것은 아니었거든요. 간간이 들어오는 주문을 소화하기 위해 시장을 나설 때면 수익보다 고객 만족을 신경 쓰다 보니 손해나는 경우도 자주 있었습니다. 저를 잘 아는 지인들에게 "그렇게 해서 무슨 장사를 하느냐?" 핀잔도 여러 번 받았습니다. 그때마다 짐짓 괜찮은 척했지만, 저도 불안하기는 마찬가지였습니다. 그때 저를 버티게 한 건 찾아주시는 분들에 대한 감사함이었습니다. 한 달에 한 건도 없던 주문이 두세 건이 되는 것만으로도 감사했습니다. 꽃다발이나 바구니를 찾아가시면서 '예쁘다.', '고맙다.', '좋다.'고 해주는 표정과 인사는 버티는 힘이 되었습니다. 또, 인스타그램의 팔로워와 '좋아요' 수가 느리지만, 꾸준히 늘어나는 것을 보며 마음을 다잡았습니다. 어제보다 나아졌으니 이만하면 성공이라고 생각하며 스스로를 다독였습니다.

그렇게 하루하루 버티다 보니 포기할 수 없었습니다. 이미 들인 돈과 시간, 노력이 너무 아까웠습니다. 하나만 선택하기엔 너무 늦었다는 생각도 들었고, 아직 가보지 않은 길을 지레 겁먹고 도망가기도 싫었습니다. 그럴수록 더 열심히 몰입했습니다. 회사 업무에서도 좀 더 전문성을 갖기 위해 책도 부지런히 읽었고요. 온라인으로 진행되는 업무와 관련된 웨비나(웹으로 진행되는 세미나)가 있으면 열심히 찾아들었습니다. 도움 될 만한 강의가 있다면 퇴근 후에라도 들으러 다녔고, 업계 사람들이 모여 있는 모임에 열심히 참여하기도 했습니다. 한편으로는 플로리스트로서의 성장도 게을리하지 않았습니다. 훌륭한 선생님이 계신 곳이라면 전국 어디든 망설이지 않고 들으러 갔습니다. 또, 주문과 관계없이 일주일에 한 번 꽃 시장 가는 일도 멈추지 않았습니다. 이 모든 과정은 그때마다 제가 할 수 있는 최선이었고, 제게 성장이자 성공이었습니다.

모든 N잡러들이 그렇겠지만, 직장인이면서 플로리스트인 저는 주 7일, 24시간을 분 단위, 초 단위로 촘촘하게 쪼개 써야 합니다. 3년째 쉼 없이 달리다 보니 가끔은 언제까지 이렇게 달리기만 해야 할까 싶은 마음이 들 때도 있습니다. 하지만 여전히 제가 좋아하는 일이니까 더 오래 잘하고 싶습니다.

작은 성공 경험이 쌓아 올린 시너지 효과

N잡은 어려운 일일 수 있습니다. 어렵다고 생각하면 말입니다. 돈을 벌기 위해 어쩔 수 없이 해야 하는 일이라고 생각하면 금세 지칠 수도 있습니다. 저도 가끔은 "이거 내가 좋으니까 하지 누가 시켰으면 못 했을 거야." 하니까요. 이렇게 좋아하는 일을 찾아 부캐로 삼은 건 저에게 행운입니다. 저의 N잡들은 저의 인생 전체에 긍정적인 영향을 미치고 있습니다. 잘하고 싶은 무언가가 생기니 생활 전반에 생기가 돕니다. 일상이 눈코 뜰 새 없이 바쁘다 보니 우울하거나 부정적인 생각을 할 틈이 없어요. 또, 직장인이기만 할 때보다 업무에 대한 집중도는 훨씬 높아졌고 완성도도 더 좋아졌습니다. 부업 때문에 본업을 제대로 해내지 못한다는 평가를 받고 싶지는 않았거든요.

최근 N잡러가 많아지면서 N잡에 대한 관심도 높아지고 있는데요. N잡에서 자리를 잡으려면 작더라도 성공에 대한 경험들이 반드시 필요합니다. 물론 성공 시기를 앞당기기 위해 꼼꼼하게 세운 계획도 필요합니다. 하지만, N잡으로 처음부터 소위 '대박' 치기는 쉽지 않은 만큼 작은 성공 경험의 긍정적인 기억이 어려운 시기를 버텨주는 힘이 되기 때문입니다. 가능하다면 시작부터 크게 일을 벌이기보다 지금 하는 일, 할 수 있는 일에서 작게 시작해 자신감을 얻으세요. 차근차근 쌓은 성공들은 분명 본업에도 활력을 주고 여러분 N잡의 자양분이 될 것입니다.

우공이산 N잡러

한창희

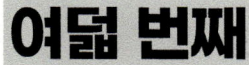

우공이산 N잡러

(한창희)

1

어릴 적 꿈에서
직업의 단서를 찾아라

"XX 년, 왜 사람을 때리고, 지랄이야. 말로 하면 될 거 아니야."

초등학교 시절, 선생님에게 이 말을 들은 어린 소녀는 한마디의 말도 못 한 채 눈물만 뚝뚝 흘렸습니다. 순식간에 일어난 사건. 소녀는 어떠한 변명도 할 수가 없었습니다. 선생님 옆에만 가도 얼굴이 빨개지는 소심한 아이였기 때문입니다. 수십 년이 지나 그때의 상처는 꿈이 되어 날마다 설렘으로 살아가는 원동력이 되었습니다. 이 이야기의 주인공이 바로 접니다. 사건의 발단은 초등학교 교실입니다. 쉬는 시간 화장실을 가려고 하는 저를 사내아이 한 명이 가로막았습니다. "비켜줘. 나 지나가야 해." 여러 번 말을 했지만, 소용이 없었습니다. 그 아이는 저를 따라다니며 한쪽 다리를 맞은편 책상에 올려놓고 길을 막았습니다.

화장실이 급했던 저는 작은 손을 펴서 마치 태권도에서 격파하는 것처럼 꼿꼿이 피고 그 친구의 다리를 내리쳤습니다. "이~~~얍!" 그 순간 그 사내아이가 엉엉 울었습니다. 순간 너무 당황스러웠습니다. 사내아이의 눈에서 뚝뚝 떨어지는 눈물을 보며 저는 "미안해, 미안해."를 몇 번이고 말했습니다. 왜 그렇게 우는지 영문도 모른 채…. 나중에 안 사실이었는데 그 친구는 다리가 아픈 친구였습니다. 겉모습에서는 전혀 티가 안 났기 때문에 어린 저로서는 알 수가 없었던 거지요. 당황스러움도 잠시 선생님의 입에서 쏟아져 나오는 저를 향한 욕설 앞에 저는 그냥 울 수밖에 없었습니다. 그렇게 저의 초등학교 어린 시절은 암흑기인 것처럼 보였습니다. 그런 사건이 있고 1년쯤 지나 국어 교과서에 나온 페스탈로치 선생님의 이야기를 읽게 되었습니다. 놀이터에서 아이들을 위해 유리 조각을 줍는 그림만 보았는데도 아이들을 향한 사랑의 마음이 느껴졌습니다. 나도 이 선생님처럼 아이들을 사랑하는 선생님이 되고 싶다고 생각했습니다. 이전의 상처가 꿈으로 변하는 순간이었습니다. 그러니 우리가 살면서 접하게 되는 상처라 하더라도 앞으로의 미래에 나에게 어떤 영향을 끼칠 것인지는 정말 알 수 없는 듯합니다.

어릴 적 꿈에서 찾은 N잡러의 단서

그렇게 초등학교 3학년 때부터 막연히 페스탈로치 같은 좋은 선생님,

아이들을 사랑하는 선생님, 매일 아이들을 생각하는 선생님이 되고 싶다는 꿈을 시작으로 저는 자주 선생님의 모습을 떠올렸습니다. 수년간을 선생님의 모습을 그리며 교수법에 대한 간절함을 지니고 자란 소녀가 이제는 아이들을 가르치는 선생님, 학원을 운영하며 진로 컨설팅을 하고 아이들에게 동기부여 세미나도 하며 아이들과 동행하는 선생님이 되었습니다. 많은 학생과 함께 고민하며 저는 아이들에게 자신이 어떤 사람인지를 먼저 생각해 보라고 합니다. 내가 어떤 것을 좋아하고 어떤 놀이를 좋아했고 어떤 생각 속에 있느냐를 아는 것이 내가 잘할 수 있는 일, 즐길 수 있는 일을 찾는 실마리가 될 수 있다는 것이 제 생각이니까요.

봉사, 그것을 통해 나를 바라보다

페스탈로치 선생님이 꿈이었던 저는 어려서부터 봉사를 많이 해왔습니다. 초등학교 6학년 때 교회에서 선생님들과 함께 방문한 재활원 봉사를 시작으로 고등학교 때는 병원 선교 그리고 대학생이 되면서는 보육원을 방문해서 아이들을 가르쳤습니다.

결혼하고 잠시 전라도 광주에 살 때는 영아 일시 보호소에 한 번씩 가서 기저귀도 널고 아이들도 돌봐주었습니다. 그런 일들을 통해 남을 돕는 삶을 살고 있다는 조금의 자부심도 있었던 것 같습니다. 그런데 그 자부심도 잠시뿐이었습니다. 자녀 둘을 키우고 매월 빚을 갚아 나가고 부족한 생활비를 마련하기 위해 무슨 일이든 해야 하는 바쁜 삶 속에서 봉사는 내려놓을 수밖에 없었습니다.

봉사하고 싶어도 내 생계유지가 우선이었고 영아 일시 보호소에 다녀올 때마다 아른거리는 아기들과 그곳에 필요한 물건을 기부하고 싶다는 저의 욕망을 채우지 못하다 보니 짜증이 나고 늘 풀이 죽었습니다. 나의 모습을 바로 보게 되면서 봉사의 흉내만 내는 사람이었다는 것을 깨달은 뒤 페스탈로치 선생님은 그냥 한 명의 위인으로 저의 머릿속에서 지워졌습니다.

그런데 희한합니다. 그 꿈이 한 번씩 자꾸 살아납니다. 그리고 제 가슴을 뜨겁게 합니다. 그 꿈은 저를 일으키고 일하게 하고 성공하게 했습니다. 제가 하고 싶은 봉사를 하고 페스탈로치 선생님과 같이 아이들에게 사랑을 베풀려면 제가 풍성해져야 한다고 생각했습니다. 금전적으로도 부유해야 했고 마음의 여유도 있어야 했습니다. 그리고 그렇게 열망하고 간절히 바랐던 희망들이 이제는 이뤄질 수 있는 싹을 틔우고 있습니다.

우리는 가끔 주위의 사람들을 보며 나도 그렇게 되고 싶다고 생각합니다. 그리고 막연히 따라갑니다. 그러다 시작도 제대로 해보지 못하고 실망하고 포기합니다. 그것은 환상과 현실은 다르기 때문입니다. 그러므로 우리는 내가 어떤 사람인지 나에게 물어보는 것이 먼저입니다. 한 가지 일만 꾸준히 하는 성격인지, 한 가지 일에 싫증을 잘 내는 성격인지, 많은 일들이 밀려올 때 도망가는 성격인지, 끝까지 책임을 지는 성격인지를 내 자신에게 물어보며 나를 먼저 알아가야 합니다. 그리고 나만의 방식으로 내가 가장 잘할 방법으로 살아가면 됩니다. 정답은 없습니다.

내가 정답을 만들어 나가면 되는 것입니다. 10개를 잘하는 사람은 10개를 하면 되고 2개를 잘하는 사람은 2개를 10개처럼 하면 됩니다. 이렇게 저는 많은 시행착오를 거치며 하나하나의 경험이 모이고 간절한 마음이 모여 여러 개의 직업을 지닌 사람이 되었고 소위 요즘 말하는 N잡러의 길로 접어들게 되었습니다.

2

본업 속에서
다른 능력을 키워라

고등학교를 졸업하고 잠시 무역회사에서 일을 했습니다. 짧은 시간 인정도 받았지만, 나의 적성과는 맞지 않는 것 같은 생각이 들었습니다. 사표를 내고 나온 저는 6살 때부터 배우던 피아노를 계속하고 싶다는 생각으로 다시 대학에 입학했습니다.

평소에 겁이 많아서 고등학생 때부터 밤길도 제대로 다니지 못했던 저였습니다. 그런데 4시 30분만 되면 일어나서 학교에 갔습니다. 목표는 하나! 한정된 연습실을 차지해서 강의를 들어가기 전까지 피아노를 연습하려는 것이었습니다. 이렇게 저는 한 평 남짓한 연습실에서 새벽부터 아침까지 연습했습니다. 그 시간은 너무 재밌었고 꿈에 부풀어 있었던 시간이었습니다. 교수님의 개인지도가 있던 날 지금도 생생하게 기억납니다. "창희야 손이 너무 작아서 웅장한 곡이나 힘이 있는 곡들을 줄 수가 없겠네." 저는 좌절할 수밖에 없었습니다. 모든 곡을 잘 소화해 내고 싶은 욕심은 연주자라면 당연히 있을 것입니다. 그 당시 겉으로는 표현을 못 했지만, 신체적인 단점은 내가 극복할 수 없는 것으로 생각하며 좌절했고 한동안 자존감이 바닥으로 떨어진 채 학교에 다녔습니다. 그리고 중간고사 시험에서 연주과목 C를 받으며 '나는 역시 안 되는구나.'라며 저를 한정 지었습니다.

한동안 그렇게 학교에 다녔습니다. 그러다가 다시 정신을 차리고 생각했습니다. 그럼 '나는 무엇을 할까? 어떤 일을 하면서 살까?'라는 생각에 나의 앞날을 고민하기 시작했습니다. 고민 끝에 저는 아이들에게 음악을 가르치는 선생님이 되겠다고 생각했습니다. 한마디로 연주자가 될 수 없다면 내가 할 수 있는 분야에서 최고가 되어야겠다는 생각이었습니다.

그 목표가 정해지고 나서는 매일 집으로 오는 길에 건대 입구에 있는 한 음악학원 앞을 꼭 거쳤습니다. 그 학원은 당시 유명하다고 소문난 학원이었기 때문에 학원장을 목표로 삼은 저에게는 호기심을 발동하게 하는 학원이었습니다. 저는 매일 그 앞을 지나며 생각했습니다. '우리나라에서 제일 잘 가르치는 학원 원장이 될 거야. 나만의 학원은 어떤 모습이면 좋을까?'라며 상상의 세계에서 매일 행복한 순간을 그리며 생활했습니다.

본업 속에 숨어 있는 다른 능력을 찾아라

제 꿈이 이뤄졌을까요? 이렇게 꿈꾸던 저는 학교를 졸업하자마자 결혼하게 되었고 출산했습니다. 80퍼센트 대출을 받은 집의 이자, 자녀 양육, 이런 이유로 집에서 아이들을 가르쳤습니다. 그것도 잠시, 소음으로 인한 민원으로 쫓겨나게 되었지요. 1994년 당시 천만 원을 가지고 차린 학원, 그 학원의 원장이 저의 두 번째 직업입니다.

그런데 원장이라는 본업을 유지하는 것에 많은 어려움이 있었습니다. 선생님들을 채용하고 관리하는 인사팀장, 재정을 계획하고 실행하는 회계팀장, 보충 교재를 만들고 연구하는 기획팀장, 이벤트를 기획하는 마케팅팀장 등 그 안에는 4가지가 넘는 부캐들이 있었습니다. 이때부터 저는 본업 속에서 부캐의 능력을 키웠습니다. 이때까지만 해도 저는 이 일들이 응용되어 N잡러의 시초가 되리라고는 생각지도 못했습니다.

치열하게 고민하고, 선택했으면 입증시켜라

처음에는 너무 힘들었습니다. 피아노만 가르치는 일은 쉬웠는데 그 밖에 처리해야 되는 일들이 저에게는 많은 스트레스로 다가왔습니다. 하지만 그 과정을 뛰어넘고 나니 저에게는 새로운 많은 능력이 생겼습니다. 제가 제일 잘했다고 생각되는 것은 선택한 일에 대해서 중도에 포기하지 않았다는 것입니다. 대신 선택하기까지는 치열하게 고민했고 선택한 후에는 간절한 목표를 바라보며 달렸습니다. 간절함으로 성실하게 나만의 하루하루를 쌓아갔습니다. 목표를 생각하고 정했다면 그다음 할 일은 하루를 잘 살아내는 것으로 충분합니다.

졸업하고 학원 원장의 길로 들어섰을 때 제 주변의 친구들은 우습게 여기는 것 같았습니다. 마치 공교육 선생님도 아닌 사교육 선생님이 된다는 것에 대한 비웃음이었습니다. 그런 비웃음들 속에서 저는 반드시 성공하겠다고 생각했습니다. 그리고 제가 선택한 것이 옳았다는 것을 입증하기 위해 노력했습니다.

'나만의 학원', '다른 학원과의 차별화'를 어떻게 할지 고민했습니다. 내가 가장 잘하는 것을 하는 것이 꾸준히 오래 갈 수 있듯이 저만의 교수법으로 주 1회를 활용했습니다. 주 4회는 기존의 방법을 선택하면서 주 1회는 제가 만든 인쇄물로 수업했습니다. 대학에서 배웠던 시창(모르는 곡을 악기 등의 도움이 없이 악보를 처음 보고 노래하는 것을 의미), 청음(가락이나 화음을 듣고 리듬, 박자, 조, 음이름 등을 알아내어 악보에 옮겨 쓰는 연습), 음악 감상, 국악 등을 접목했고 그렇게 학원은 주 1회 특별한 수업이 있는 학원으로 아이들 사이에서 알려지게 되었습니다. 학원은 점점 규모가 커졌습니다. 그러나 학원의 원생이 많아질수록 힘들었습니다.

그 이유는 사업을 체계화하지 못했고 모든 것을 혼자 해결하려고 했기 때문입니다. 내가 경영인이라는 생각보다는 선생님이라는 생각 속에 갇혀 있었기 때문이라는 것을 아주 오랜 시간이 지나서 알게 되었습니다. 한마디로 경영 철학이 없었던 것이지요. 저의 바람대로 많은 아이에게 좋은 교육과 한결같은 교육을 주기 위해서는 시스템화 시켜야 한다는 사실을 나중에야 알게 되었습니다. 그러니 선생님으로서는 많은 아이를 지도하고 칭찬받았지만, 경영인으로서는 실패했습니다.

오랜 세월이 지나 지금은 회사의 경영인으로서 많은 협력자와 일을 합니다. 그리고 분업해야 하는 부분에서는 어떻게 분업화하는 것이 현명할지 생각합니다. 만약 처음부터 아이들만 가르치는 선생님이라는 생각에서 방향을 조금 바꿔서 나를 경영하고 내 학원을 경영하고 나아가, 많은 아이를 이끌어주는 매니지먼트라는 생각으로 접근했다면 실패를 줄일 수 있었을 것입니다.

3

간절함에
답이 있다

저는 처음에 음악학원으로 교육 사업을 시작했습니다. 음악학원은 1대 1 수업입니다. 바른 손 모양 자세를 잡아주기 위해 아이의 손목을 받쳐주며 수업했던 방법이 몸의 이상으로 나타났습니다. 오른쪽 팔이 저리는 증세의 빈도가 높아졌고 위기감이 느껴졌습니다. 1대1의 수업이 아닌 단체수업을 하고 싶다고 생각했고 저는 영문학을 선택했습니다. 제가 함께 맞벌이해야 하는 상황이었기 때문에 저는 공부를 하면서 영어 방문교사로 바로 돈을 벌어야만 했습니다. 그런데 어쩔 수 없는 이 선택이 N잡러로 가는 가장 빠른 방법이었다는 것을 알게 되었습니다. 저는 이런 방법으로 늦은 나이였지만 N잡러가 되었습니다.

제가 N잡러가 될 수 있었던 것은 '앞날의 목표는 원대하게, 하루의 목표는 실천할 수 있는 것으로 정하라'는 것을 생각한 덕분입니다. 일차적으로는 하루 목표의 완성을 통해 자신감을 높이는 것이었습니다. 이차적으로는 기회가 왔을 때 일단 도전을 했다는 것입니다. 언제나 그러했듯이 내가 하는 일속에 여러 전문가의 길들이 존재한다는 것을 알았습니다. 방문교사를 하며 학생에게 맞는 교재와 학습법을 제시했던 것을 바탕으로 교육 상담사가 되었습니다. 아이들을 지도하며 교재의 부족한 부분을 보충하고 다시 만드는 과정에서 교재 집필자의 능력을 지니게 되었습니다. 아이들을 지도하며 나만의 콘텐츠로 커리큘럼을 짜면서 경영인으로서의 능력을 갖출 수 있었습니다.

간절함에 답이 있다

베테랑 영어 강사가 되기 위해서는 10년을 넘게 그 직업에 종사해야 한다고 합니다. 저는 5년으로 단축하기 위해 하루 8시간 이상 공부에 매달렸습니다. 사이버로 시작한 영문학 공부는 많은 도움이 되었습니다. 나이로 인한 암기력 부족은 사이버라는 장점을 활용해 반복해서 강의를 듣는 것으로 극복했습니다. 그리고 아이들이 배우는 영어교재를 완전히 숙지하기 위해서 제가 학생이 되어 그대로 따라 했습니다.

영어 교육 회사에서 하라는 대로 그대로 저는 학생이 되어 하루하루 공부했습니다. 그리고 방문교사로 시작한 영어 강사는 개인과외, 공부방, 학원을 거쳐 이제는 영어회사의 CEO가 되었습니다. 아이들과 함께 하려면 하루 24시간이 모자라는 것처럼 느껴졌습니다. 어느 때는 전쟁터가 따로 없다는 생각도 들었습니다. 다행히 아이들을 너무 좋아하고 공부에 고민하는 아이들에게 도움이 되고 싶다는 생각이 바로 저를 오늘까지 이끌어 주었습니다.

교육컨설턴트라는 직업은 학부모님의 자녀교육에 대해 갈급함을 듣는 것부터 시작되었습니다. 집으로 방문해서 아이의 학습은 어디까지 이루어졌는지, 어머님이 바라는 목표는 무엇인지를 듣고 함께 공감하는 것이 우선이었습니다. 그렇게 하루 24시간 저는 오직 제게 맡겨진 아이들이 어떻게 하면 영어에 재미있게 성공할 수 있을까 고민했습니다. 그 결과 다양한 직업을 아우르는 N잡러가 되었습니다.

제가 다니던 회사에서는 아이들이 영어를 녹음하여 사이트에 올리게 했습니다. 아이가 사이트에 올린 음성녹음에는 반드시 간단한 답장이라도 해 주었습니다. 답장을 쓸 때는 아이의 얼굴을 마주 보고 있다는 생각으로 한 명 한 명 다른 글을 써주었고 직장에 다녀서 자녀의 수업을 볼 수 없는 학부모님을 위해 작은 수첩을 준비해서 학습한 것들과 수업 시간에 일어났던 특별한 일들을 써 드렸습니다. 그렇게 한 아이에게 온 정성을 들였습니다.

저는 작년 단순한 수업자료를 뛰어넘어 영어교재를 집필했고 출판했습니다. 그리고 그 교재가 여러 학원에서 쓰이고 있습니다. 교재를 쓸 수 있었던 능력을 갖추는 것은 거창한 배경이 있어야만 하는 것이 아니었습니다. 저는 대단한 학벌이 있는 것도 아니고 뛰어난 아이큐를 지니지도 않았습니다. 단지 갈급함이었습니다. 시중에 교재들을 아이들에게 적용했을 때 부족하다고 생각하는 부분을 나만의 학습 자료로 하나씩 만들고 다시 적용해서 결과를 찾고 실패하면 다른 방법으로 계속 찾았습니다. 이렇게 많은 시간, 수년 동안을 멈추지 않고 반복했던 것이 결실로 이어진 것입니다.

단 하루를 살아내는 삶으로도 충분하다

제가 좋아하는 명언이 있습니다. '준비된 자에게 기회가 온다.' 저는 이 말을 늘 생각합니다. 기회가 왔을 때 제게 준비가 되지 않았다면 그 기회는 잡을 수 없을 것입니다. 또한 이전에 기회가 왔을 때 열매가 맺어지지 않았던 이유는 제가 준비가 안 되었기 때문이라고 생각합니다. 그 준비는 언제 완성이 되고 기회는 언제 올까요? 그것 또한 알 수 없습니다. 바로 몇 시간 이후, 또는 내일이 될 수도 있습니다. 그래서 목표를 정했으면 오늘 하루만 성실히 살아내면 되는 것입니다.

경영자라는 직업은 대학을 졸업하고 음악학원을 운영하면서 시작되었지만, 경영인으로서의 마인드를 장착하지 못해 실패했습니다. 그리고 방문교사를 하면서 저는 다시 경영하는 방법을 배우게 됩니다. 제가 가르치는 아이들에게 더 많은 경험을 주어야겠다는 생각으로 원어민 선생님을 고용하고 커리큘럼을 직접 짜서 아이들과 영어 수업을 했습니다.

이 또한 영어를 어려워하고 원어민 선생님을 두려워하는 아이들에게 그 인식을 바꿔줘야겠다는 것에서 시작되었습니다. 많은 시간을 내가 맡은 아이들을 생각하다 보면 어느 부분을 더 채워줘야 할지, 어떤 부분을 아이들이 힘들어하는지가 보이고 제가 할 수 있는 일을 찾게 됩니다. 그렇게 경험하게 된 원어민 선생님과의 수업 경영, 그 이후 학원을 운영하며 4명의 선생님과 함께했던 시간은 대표라는 자리가 얼마나 무겁고 책임져야 할 일이 많은지를 알게 해 주었습니다.

그런 시간이 모여, 지금은 10명의 선생님과 함께하는 학원의 대표 원장이자 4명의 동역자와 함께하는 회사의 CEO입니다. 제가 경영인으로서 가장 힘들었던 것은 쓴소리를 해야 할 때와 차가운 결단을 내릴 때였습니다. 그런데 지금은 그것 또한 경영인이라면 피하지 말아야 하는 것이라는 것을 깨닫고 실천 중입니다.

지금, 이 순간 내 앞에 놓인 일들을 보며 '나는 할 수 없을 거야, 나 같은 사람이 어떻게 하겠어?'라며 자신을 틀 안에 가두고 있는 분들이 있을 것입니다. 내가 할 수 없다고 느껴질 때 하나의 사실만 기억하면 좋겠습니다. 지금 자신의 분야에서 자리를 잡은 모든 사람은 거대한 배경이나 지식이 아닌 단 하루를 살아낸 삶 그리고 도전으로 이루어졌다는 것을요.

4

기회가 왔다면,
주저하지 말고 행동하라

저는 작년부터 교재를 쓰기 시작하면서 저자라는 직업까지 생겼습니다. 그동안 아이들을 지도하며 많은 자료를 만들었지만, 교재를 집필하겠다는 생각은 못 했습니다. 작년 5월 지인의 권유가 있었습니다. 그리고 용기를 냈습니다. 왜냐하면 도전해야 무슨 일이라도 일어나기 때문이었습니다. 23년도 2월 교재가 나오기 시작하면서 새로운 세상이 열렸습니다. 교재를 만드는 과정은 쉽지만은 않았습니다. 그 과정을 견디면서 이로써 학원 원장, 영어 강사에 이어 교재를 집필한 저자라는 이름까지 얻게 되었습니다.

처음 시작한 교재 집필은 생각보다 많이 힘들었습니다. 그동안 수없이 만들었던 수업자료와는 다른 것이었습니다. 단권이 아닌 시리즈로 계속 써야 한다는 것과 써도 써도 아직 많이 남아 있다는 것이 압박감으로 다가왔습니다. 그리고 쓰인 교재보다는 앞으로 써야 할 교재가 더 많다는 것 때문에 더 힘들었습니다. 이 부분을 해결하지 못한다면 교재 집필자로도, 지금 진행 중인 일들도 엉망이 될 수 있다는 생각에 아찔했습니다. 그리고 정신을 차렸습니다.

끝까지 가려면 멘탈을 관리하라

일에 앞서 멘탈 관리가 우선이었습니다. 저는 먼저 내려놓는 연습을 했습니다. 효율성이 떨어지는 것이 느껴지면 잠시 내려놨습니다. 대신 집중도가 높은 나만의 시간을 찾았습니다. 집중도가 높은 시간에는 평소보다 많은 일을 처리할 수 있었기 때문에 속도가 빨랐습니다. 마치 게임에서 미션을 하나하나 수행한다고 생각했습니다. 하루하루 긍정의 말들과 좋은 글들로 저에게 스스로 동기부여 시켰고 그런 긍정의 말들이 저에게 위로를 주는 메아리가 되었습니다. 이 메아리가 저에게 자신감을 주며 N잡러로서 많은 일들을 더 재밌게 즐길 수 있게 해 주었습니다. 그러고 나니 스트레스는 훨씬 줄고 즐거운 마음으로 교재 집필을 계속할 수 있었습니다. 제가 내려놓음의 비밀을 알게 된 것은 50대 중반의 나이로 접어든 제 인생에서 그동안 겪어온 많은 굴곡이 저에게 준 교훈입니다.

두 번째로 N잡러로서 그 일들을 실수하지 않고 처리해 내려면 잘 쉬어야 했습니다. 열심히 일하는 것보다 더 중요한 것이 잘 쉬는 것입니다. 질적으로 높은 휴식은 다음의 다가올 일에 대한 준비였고 행복한 N잡러가 되기 위한 필수 조건입니다. 그 고민을 통해 저는 산책을 선택했고 주말에는 맛있는 음식을 먹으며 한 주간 수고한 내 자신에게 선물을 했습니다. 일을 하다가 집중이 안 될 때는 잠시 걷는 시간을 가졌습니다. 잠깐의 시간이 나에게 여유로움을 주고 뿌듯함을 주는 것을 느낄 수 있었습니다.

세 번째로는 일을 분리하는 작업을 했습니다. N잡러로 산다는 것은 여러 가지 일을 수행해야 한다는 것을 의미합니다. 계획된 일들만 주어지는 것이 아니라 그때그때 바로 처리해야 되는 일들도 많습니다. 하나의 직업을 지녔을 때는 혼자 다 처리할 수 있었지만, 교재 집필이 들어간 이후에는 더 이상 혼자 처리하는 것이 불가능했습니다. 다가오는 일들을 세 가지로 분리했습니다. 내가 처리할 수 있는 일, 완성하기까지 시간이 필요한 일, 다른 사람들에게 맡겨서 효율성을 끌어올려야 되는 일. 이렇게 나누고 처리하다 보니 스트레스가 훨씬 줄어드는 것을 느낄 수 있었습니다.

교재를 집필하는 과정에서 하나하나 매뉴얼화되는 것을 느낄 수 있었습니다. 저자라는 것이 이런 것이구나! 생각을 정리하고 글로 쓰고 읽고 글을 축약하고 이런 과정을 통해 내 머릿속의 생각을 정리할 수 있었습니다. 참 매력적인 직업임을 깨닫게 되었습니다. 특히 교재라는 것은 아이들에게 적용이 되고 결과로 나타나게 되므로 바로바로 확인할 수 있었습니다. 그동안 아이들을 가르치며 고민하고 만들고 시도하고 이렇게 지내 온 30년의 세월에 대한 보상인 듯했습니다. 그동안 만들었던 수많은 수업 자료를 하나로 모아 체계를 잡아가고 누구나 지도할 수 있는 교수법으로 매뉴얼화되는 과정이었습니다.

어차피 힘듦이 존재한다 그렇다면 일단 도전해 보자

저는 많은 일을 동시에 할 수 없는 사람입니다. 우선 체력적으로 약한 부분들로 인해 여기저기 돌아다니는 것이 불가능합니다. 나의 한계상황이 왔을 때 너무 깊은 고민으로 삶이 피폐해질 수 있는 성향을 지녔습니다. 제가 N잡러가 되었음에도 쉼을 가질 수 있고 분주하지 않았던 비결은 제가 하는 N잡은 교육이라는 한 방향을 바라보고 있다는 것이 아닐까 생각합니다. 여러 가지 다양한 방면을 선택하고 훌륭히 해내는 N잡러들이 분명히 있을 것입니다. 하지만 저에게는 한 방향 N잡러가 맞는 듯 했습니다. 일을 할 때, 열정만 가지고 다 할 수는 없다는 것을 알았고 그렇다면 지혜롭게 내려놓을 것과 취해야 할 것이 무엇인지 구분하는 것이 저의 할 일이었습니다. 학원 강사, 학원 원장, 그리고 학원에서 사용하는 교재 집필 이렇게 한 방향을 바라보며 여기까지 올 수 있었습니다.

그렇게 만들어진 교재가 이제 세상에 나와 아이들의 손에 들려 있습니다. 많은 선생님이 대한민국 전 지역 곳곳에서 가르치는 교재가 되었습니다. 어디를 가든 교재를 집필한 저자로 설명이 되고 세미나 강의를 할 때는 저자직강이라는 타이틀이 붙여집니다. 제가 만약 '교재 쓰는 것은 너무 힘드니 수업자료만 만들고 직접 학생들만 가르칠 거야.'라고 현실에 안주했다면 저는 지금 몇 명이나 지도할 수 있었을까요? 이제는 저의 교재가 100명도 1,000명도 10,000명도 배울 수 있는 교재가 되었습니다. 기회가 있을 때 우리는 기회를 붙잡아야 합니다. 도전을 통해 얻는 성장으로 우리는 수많은 힘듦 또한 경험합니다. 누구나 겪는 것입니다. 이 힘듦을 조금이나마 행복하게 지나고 싶다면 제가 먼저 겪으며 깨달았던 비결을 생각하며 함께 뛰어넘었으면 좋겠습니다.

5

세상과 다른
나만의 관점을 찾다

N잡러로 산다는 것은 많은 직업을 가지고 있다는 것을 의미합니다. 수익 또한 여러 곳에서 나옵니다. 하지만 수익이 늘어난다는 장점보다 더 좋은 것은 희망과 설렘은 배가 된다는 것입니다. 어떤 사람은 돈을 벌기 위해, 어떤 사람은 자신이 좋아하는 일이라서, 어떤 사람은 지인의 소개로 N잡러의 길로 들어설 수 있습니다. 이 책을 손에 든 분들이라면 이 책속에서 답을 얻을 수도 있을 것입니다. 이렇듯 기회는 누구에게나 있습니다. 하지만 모두 N잡러가 될 수는 없습니다. 도전하는 자만이 그 기회를 잡게 됩니다.

앞에서 말했듯이 저는 N잡을 의도적으로 계획하지 않았습니다. 그렇기 때문에 많은 시간이 흐른 뒤 50대의 나이에 N잡러로 들어섰습니다. 제가 속해있는 분야에서 전문가라는 말을 들을 즈음 하나하나 실행한 케이스입니다. 과거에는 한 직장을 오래 다니는 것이 잘사는 것처럼 여겨졌습니다. 그러다 보니 여러 가지 직업을 가진다는 것은 상상도 못 했습니다. 하지만 지금은 마인드의 변화가 필요할 때입니다. 코로나는 우리에게 많은 혼란을 주었지만, 그 안에서 빠르게 변화하도록 만들어 주었습니다.

제가 여기에서 말하고 싶은 내용은 세상과 다른 나만의 관점을 찾으라는 것입니다. 그래서 분주하지 않으려면 나만의 기준이 있어야 합니다. 기준이 없으면 세상이 하는 말들과 사람들이 던지는 말들로 휘청휘청 갈피를 잃게 되기 때문입니다. 세상은 많은 말들을 전달합니다. 돈이 최고다. 이것이 바로 돈 버는 일이다. 빨리빨리 움직여라 이렇게 아우성을 칩니다. 저는 이런 유혹들이 들려올 때 한 번 더 나의 처지에서 생각해 보는 연습을 했습니다. 그 일들이 나에게 가치 있는 일인지, 내가 감당할 수 있는 일인지 생각했습니다. 세상이 아무리 좋다고 하는 일일지라도 저에게 맞지 않는 일이라면 과감히 포기하고 뒤돌아보지 않았습니다.

마인드의 변화가 필요한 때, 나만의 기준을 세우자

세상의 변화를 보고 대비하십시오. 세상의 변화를 관심 있게 보는 것이 필요합니다. 다행히 저는 학생들을 가르치고 컨설팅하는 직업이었기 때문에 세상의 흐름에 관심이 많았습니다. 한 예로 코로나가 시작되었던 2019년 12월경에 있었던 일입니다. 학원을 하고 있던 저는 뭔가 심상치 않음이 느껴졌습니다. 그때 제가 매일 저에게 말했던 것은 '게으르지 말고 부지런히 움직여라! 예비하라!'였습니다.

1월 저는 태블릿 PC의 활용에 대한 세미나를 들었고 바로 구입했습니다. 주말을 모두 태블릿 PC를 연구하는 것에 시간을 보냈습니다. 익숙하지 않은 기계를 작동하려니 머리도 아프고 힘이 들었습니다. 하지만 변화를 위해서는 어느 정도의 고통도 감수해야 한다는 것을 생각하며 저자신을 위로했습니다. 그렇게 저는 바로 온라인수업에 적응하면서 많은 학원이 폐원하는 시기에 원생이 증가하는 반대 현상으로 학원을 유지할 수 있었습니다.

N잡러에게 있어 가지치기는 필수이다

N잡러가 되면서 저는 오히려 삶을 단순화시켰습니다. 시간은 한정되어 있고 내 몸은 하나입니다. 이전에 하던 것들을 모두 하면서 N잡러를 할 수는 없었습니다.

내 삶에 가지치기가 필요했습니다. 특히 자가면역질환자인 저의 특성상 지혜롭게 일들을 해 나가는 것이 필요했습니다. 전화 통화, 오전 오프라인 만남 등은 최소화했습니다. 서운해하는 지인들도 있었지만, 모든 사람들에게 좋은 사람이 될 수 있는 것은 욕심이라는 것을 인정했습니다. 무엇보다 건강이 우선이었기 때문에 건강을 지키는 것도 N잡러가 할 일이라는 생각을 했습니다. 단순화시킨 생활 속에서 저는 N잡에 대해 더 집중할 수 있었습니다.

저는 실패를 두려워하는 사람 중 하나입니다. 그래서 남들이 나를 나쁘다고 평가하는 것에 대한 두려움이 있었고 '내가 하는 일이 실패하면 어떡하나.'라는 고민에 늘 불안할 때도 있었습니다. 그런데 N잡을 하면서는 담대해졌습니다. 실패를 두려워하지 않게 되었습니다. 그것이 N잡의 매력입니다. 하나쯤 실패해도 무너지지 않는다는 확신, 그래서 더 담대하게 도전할 수 있었습니다. 또한 실패를 인정하기 시작했습니다. 이전에 실패가 두려웠던 것은 다른 사람들과 비교하고 나를 어떻게 생각할지에 대한 두려움이었다는 것을 알게 되었습니다. 실패를 인정하니 실패속에서 내가 겸손히 낮아지는 것을 발견했습니다. 실패 속에서 얻어진성공은 무엇보다 기뻤습니다. 그러니 실패를 두려워하지 않았으면 합니다.

N잡러를 하면 수익이 많아질 거라는 단순한 생각은 위험할 수 있습니다. 단순히 '여러 곳에서 돈이 들어오니 곧 부자가 될 거야.'라는 생각으로 접근하면 위험합니다.

그렇기에 세상과 다른 나만의 관점을 갖는 것이 더 필요합니다. 자신만의 관점이 있어야 세상에서 중요한 나만의 가치를 찾을 수 있습니다.

그러니 나의 열정이 빛나는 것을 찾으십시오. 나 자신을 깊이 생각해 보면 그 안에 답이 있습니다. 그러면 N잡러로서의 당당한 삶과 세상을 누리는 삶 또한 따라올 것이라 확신합니다.

김은경

일상에서 능력을 발굴한 N잡러

(김은경)

1

경력 단절 후,
N잡러 겁내지 마라

결국 보통의 경단녀가 되다

20대에 가진 첫 직업은 학원 강사였습니다. 다른 사람처럼 졸업하고 강사를 준비해서 시작한 것이 아니라 아르바이트가 생계가 되어버린 그런 경우입니다. 넉넉하지 않은 경제 상황으로 학업을 멈추게 되면서 생활 전선에 뛰어들었습니다. 제 상황을 알고 있던 지인이 강의 제안을 했습니다. 설명하고 말을 하는 것은 자신이 있었기 때문에 겁 없이 시작하게 되었습니다.

적은 월급으로 시작했지만 가르치는 일은 즐거웠습니다. 돈을 벌 수 있다는 것이 감사했습니다. 어떤 환경에서도 불평하지 않고 내가 일하고 있는 곳이 가장 좋은 학원이라고 생각하고 다녔습니다. 1시간 일찍 출근해서 교재 연구를 하는 것은 당연한 일이었습니다. 학원들의 커리큘럼을 배우고 다른 학원으로 옮겨가면서 자신감은 점점 올라갔습니다. 최고의 강사는 아니라고 해도 최선의 열정을 가진 강사로 삶을 살았습니다.

저에게 정말 큰 약점이 있었습니다. 전공과목을 강의한 것이 아니었습니다. 대형 학원에서 스카우트 제의가 들어와 출근하고 적응도 잘하던 때였습니다. 학원의 상황상 강사 1명이 나가야 했는데 제가 그만두게 된 것입니다. 다른 강사가 저보다 강의를 훨씬 못하는 상황이었는데 제가 밀려났습니다. 처음 출근할 때 제 상황을 다 말했고 괜찮다고 저를 채용했던 학원은 더 이상 제 편이 아니었습니다. 동료 강사님들에게 사정을 이야기도 못 하던 저 자신이 얼마나 슬펐는지 모릅니다.

'열심히' 한다고 해도 아무것도 안 될 수 있다는 생각에 멈췄던 학업을 다시 진행했습니다. 이 경험으로 세상에 대해 제대로 배웠습니다. 하고 싶은 공부가 아니었지만 4년제 경영학 학위를 '학점은행제도'를 통해 획득했습니다. 조건을 갖추는 것이 필요하다는 것을 배우는 계기가 되었습니다.

그리고 사회생활을 위한 최소한의 선이 있다는 것을 깨달았습니다. 용감하기만 해서는 결국 손해라는 것도 알게 되었습니다. 열심히 살지만, 세상을 이겨내는 것은 정말 쉽지 않았습니다. 이제 그만 편해지고 싶다고 생각할 때쯤 결혼하고 첫째 아이를 임신하게 됩니다.

임신 초기에 자발적으로 일을 그만두었습니다. 아이는 엄마가 키워야 한다는 신념이 남편과 일치해 경단녀가 되었습니다. 그래도 아이가 있으니 마냥 행복할 것이라고 착각했습니다. 하지만 결국 경제적인 문제를 만나는 보통의 여자가 되었습니다.

엄마표 영어의 빛과 그늘

엄마가 되어 아이들을 키운 것은 가장 잘한 일이 맞습니다. 경제적인 문제만 제외한다면 최고의 선택이었습니다. 아이를 엄마가 키운다는 말 안에는 '교육'을 엄마가 맡겠다는 생각이 들어 있습니다. 저는 모든 과목을 다 가르쳐 줄 자신이 있었습니다. 단지 '영어'를 제외하고요.

제 아이는 영어를 무서워하지 않기를 바랐습니다. 저처럼 겁쟁이가 되지 않게 만들어주고 싶었습니다. 방법을 찾다가 '엄마표 영어'를 만나게 됩니다. 아이들이 편안하게 영어를 배울 수 있다는 점이 와 닿았습니다. 저는 집에 있어야 했기 때문에 다른 대안이 없었습니다. 외벌이 상황에서 아픈 아이들을 둔 엄마가 덤빌 수 있던 유일한 방법이었습니다.

처음부터 제가 자녀 교육을 주제로 일할 생각은 전혀 없었습니다. 우리 아이들만 잘 키워도 좋다고 생각했습니다. 제 아이들에 맞춰 하나둘 시도하고 채웠습니다. 아이들은 힘든 상황에서도 행복하게 자랐습니다. 영어를 좋아하는 아이들이 되었습니다.

첫째가 유치원 들어가면서 영어에 관심이 많은 엄마라는 소문이 조금씩 퍼졌습니다. 그때는 엄마표 영어를 하는 아이들이 많지 않았습니다. 작은 소도시 비 학군지에서는 튀는 교육 방법이었습니다. 쓸데없는 일이라고 핀잔을 들었지만 궁금해하는 엄마들도 있었습니다.

엄마들이 영어에 대해 질문을 해 올 때마다 진심을 담아 답변해 주었습니다. 엄마표 영어를 시작할 때 막막한 마음을 누구보다 더 잘 알기에 도와줄 생각을 할 수 있었습니다.

엄마표 영어를 진행한 지 5년이 되어갈 때쯤 저는 도서관에서 엄마 한 분을 알게 됩니다. 부부가 모두 어학연수를 다녀왔음에도 영어가 쉽지 않았다고 했습니다. 아이에게 어떻게 영어를 가르쳐야 하는지 도대체 감이 잡히지 않는다는 고민을 하고 있었습니다. 아이에게 영어를 들려줘도 그렇게 좋아하지 않는다고 했습니다. 영어 학원을 보내기는 싫지만 어떻게 해야 할지에 대한 걱정이 큰 상황이었습니다. 영어 거부까지도 생각할 정도였습니다.

제가 그 친구를 도와주기 시작한 것이 코칭의 시작이었습니다. 흘려듣기부터 시작해서 아이의 취향을 찾는 방법을 알려주었습니다. 그 엄마는 정말 성실하게 저의 조언을 따라왔고 처음엔 힘들어했던 아이도 자기도 모르게 스스럼없이 영어를 받아들이기 시작했습니다. 절실하게 원하는 사람에게 조언을 할 수 있다는 것이 행복했습니다.

간절하게 원하는 사람에게 좋은 방향을 제시해 주면서 제가 얻는 보람은 정말 컸습니다. 진심으로 시작했던 코칭이 아이에게 잘 맞고 발전하는 모습을 보면서 굉장한 희열과 쾌감을 느끼게 됩니다. 그 친구는 4년

가까이 저의 조언과 엄마의 실행으로 쑥쑥 성장하고 있습니다. 지금도 제가 앞서 나갔던 길을 조언해 주고 있습니다.

이 경험을 계속하고 싶다는 열망이 생겼습니다. 누군가에게 경험을 나누어 주고 아이들이 발전하는 것을 보고 싶었습니다. 유치원 엄마들에게 가끔 조언해 주고는 있었지만 많은 사람을 도와주고 싶었습니다. 전문적인 코칭을 해 주고 싶다는 생각이 생기기 시작했습니다.

하지만 아직 저의 마음은 다 회복되지 않은 상태였습니다. 수년간 아이 둘의 아토피를 경험하면서 자신감 넘치던 저는 사라졌습니다, 심하게 아팠던 둘째를 제대로 관리 못했다는 죄책감 또한 저를 머뭇거리게 했습니다.

둘째가 다섯 살이 되면서 기적적으로 호전이 되었습니다. 유치원에 갈 수 있게 된 것입니다. 얼굴과 팔다리에 울긋불긋 아토피는 남아 있었지만, 첫 사회생활을 너무나 멋지게 해 주었습니다. 길고 긴 어둠을 이겨낸 둘째는 마음마저 단단한 아이가 되어 있었습니다.

더불어 첫째의 마음도 치유가 되었습니다. 우리 가족의 평범함이 돌아오면서 저도 마음을 먹게 됩니다. 아픔을 극복하는 아이들에게서 저의 모습을 찾게 됩니다. 끝이 없을 고통의 터널을 통과한 저에게 못 할 일이란 없었습니다.

엄마표 영어는 단순한 학습법이 아니었습니다. 아토피를 견디게 해준 즐거움이었고, 아이들의 자신감을 세워준 희망이었습니다. 무너지지 않으려고 붙들었던 엄마표 영어 덕분에 저는 새로운 세상으로 나가게 됩니다.

N잡은 하나부터 시작이다

N잡은 결국 하나의 직업이 있어야 시작할 수 있습니다. 시작이 없으면 N이라는 복수형이 될 수가 없습니다. 제 10년간의 강사 경력은 임신과 함께 멈췄습니다. 대신 두 자녀를 키우면서 내공이 더 쌓였습니다. 성실하고 충실한 일상은 보답받기 마련입니다.

하늘이 무너지고 솟아날 구멍이 보이지 않는다고요? 너무 겁이 난다고요? 세상에서 가장 겁 많은 겁쟁이가 저입니다. 빛이 없는 암흑을 더듬거리면서도 하루하루를 성실히 살았고 그 결과 제가 가장 잘하는 일로 N잡을 일구었습니다. 평범한 모래알 같은 일상에서 진주를 찾아내세요. 진주가 숨어 있지 않은 인생은 없습니다.

2

일상에서 커리어가 될
능력을 발굴하라

일상에서 길을 찾다

첫째 8살이 되던 해에 새로운 도전을 합니다. 그때까지 동화책과 영어 홈스쿨링 교재 등 책으로 진행했던 영어를 어떻게 확장 시켜주느냐가 고민이었습니다. 그러다 미국 공립학교 온라인 프로그램을 알게 되었습니다. 첫째는 정말 즐겁게 수업을 들었습니다. 이제까지 엄마와 해오던 영어와는 또 다른 재미였습니다.

상담 선생님과 주 1회 통화를 하면서 다른 어른과의 통화를 즐겁게 받아들이는 아이의 모습을 보면서 뿌듯했습니다. 그러다가 생각지 않았던 취업 제안을 받았습니다.

"어머님, 영어에 대해서도 잘 알고 우리 프로그램도 너무 잘 활용하시는데 상담 업무를 해 보는 것은 어떠세요?"

저는 그때 일하고 싶은 열망이 정말 컸습니다. 자아실현이나 코칭을 하는 보람을 위해서가 아니라 '돈' 때문이었습니다. 외벌이와 아토피는 우리 집의 경제를 무너뜨리기에 너무나 완벽한 콤비였습니다. 새로운 직업에 도전할 기회가 생겼다는 것이 감동이었습니다. 아직 아이들의 알레르기 때문에 출근은 꿈도 꾸지 못한 상태에서 재택근무라는 점도 저에게는 안성맞춤이었습니다.

어떻게 하면 일을 할 수 있는지 찾아보기 시작했습니다. 취업 사이트들을 하나하나 살피다 보니 아직 모집 기간이 아니었습니다. 본사에 전화해서 물어보니 모집할 예정이 없다고 했습니다.

언제 모집할지 모르는 상황에 무엇을 할 수 있을까 생각했습니다. 마냥 앉아서 기다리는 것은 싫었습니다. 그러던 중 프로그램 후기를 쓸 학부모를 모집한다는 공지를 네이버 카페에서 발견하게 됩니다. 거기다 소정의 원고료도 준다는 말에 이거다 싶었습니다.

후기를 작성하면서 프로그램에 대해 더 잘 알아두자 싶었습니다. 정성스럽게 후기를 올리면서 프로그램의 특징에 대해서도 잘 알게 되었지요. 말 그대로 소정의 원고료였지만 8년 만에 생긴 첫 소득이었습니다.

귀하고 귀한 자존감이 다시 살아나기 시작했습니다. 노동의 대가는 사람을 살아나게 합니다. 누가 본다면 작은 후기 아르바이트라고 비웃을지도 모르지만, 정성을 들였습니다. 사진과 영상도 편집하고 글도 정성스럽게 썼습니다.

2개월이 지나 모집 공고가 떠서 지원했습니다. 이사장님이 견해가 조금 독특하셨습니다. 합격과 불합격을 나누는 것이 아니고 무조건 다 받아 줄 테니 열심히 해 보라고 했습니다. 세상은 경력 단절이 된 전업주부에게 쉽사리 재취업의 기회를 주지 않습니다. 아이들이 어리다는 이유로 거부당하기도 합니다. 이곳은 달랐습니다. 노력하는 사람에게 기회를 준다는 것이 감사했습니다.

본격적인 업무는 재택으로 진행되었지만, 교육 기간에는 본사 출근이 원칙이었습니다. 교육받을 때 아침 7시가 되기도 전에 길을 나섰습니다. 버스를 타고 지하철을 타고 편도 2시간 가까이 되는 길을 기꺼이 갔습니다. 아이들과 집에만 메여 있던 인생에 새벽 출근의 시원한 공기는 상쾌했습니다. 왕복 4시간씩 교육을 다니고 정식으로 일을 시작합니다.

다시 만난 교육 서비스업

첫째 출산 전까지 10여 년 학원에서 학생들과 어머님을 만났던 저는 상담에 있어서는 자신이 있었습니다. 전화 상담이라는 것은 대면 상담과는 또 다른 장애물들이 존재합니다. 불특정 다수의 학부모를 상대하고, 실력이 천차만별인 아이들의 학습 능력을 키워줘야 한다는 것에 살짝 긴장도 되었습니다.

교육 서비스업이라는 분야를 이야기할 때 교육보다 서비스에 더 중점을 둬야 한다고 생각합니다. 서비스업인데 선생님 소리까지 듣는 재밌는 직종입니다. 하지만 잊지 말아야 할 것은 '서비스'업이라는 것입니다. 소비자가 원하는 결과를 만들어 내야 하는 업종입니다. 그리고 서비스라는 것은 넘치게 받는다고 느껴져야 결제로 이어집니다. 자녀들의 교육에 대한 계획으로 어머님들께 진심 어린 상담을 해드렸습니다.

아이들을 배정받으면 첫 학부모 상담을 정성을 들여서 했습니다. 주 1회 5-10분 상담하면 되는 시스템이지만 첫 상담은 1시간 이상 깊게 진행했습니다. 주 1회 매주 통화하는 사이면 굉장히 가까운 사이라는 생각이 들었습니다. 친한 사이가 되려면 아이들의 많은 것을 알아야 했습니다.

학습 상태, 독서 상태, 아이들의 꿈, 지금 영어에 대한 감정, 어머님의 교육관 등에 대해 이야기를 나눌 때 즐거웠습니다. 대화를 나누고 조언을 드리는 관계를 통해 제가 궁극적으로 하고 싶었던 일이 시작되었습니다.

엄마표 영어를 진행했던 경험은 다른 어머님들께 도움을 주기 충분했습니다. 아이들의 레벨에 따라 도서관의 책을 추천해 드리기도 하고 레벨별 필요한 지식을 알려드릴 수도 있었습니다. 칭찬을 구체적으로 했기 때문에 학생들과의 사이도 좋았습니다.

6개월이나 1년의 학습 기간이 끝나면 새로운 계약으로 연장해야 합니다. 연장은 학부모들에게는 추가 지출입니다. 기간의 서비스가 만족스럽다면 연장하게 됩니다. 연장에 있어서 가장 중요한 것이 무엇인가 생각해 보았습니다. 아이들이 학습을 통해 발전하는 것은 소비자로서는 기본입니다. 대단한 게 아닙니다. 기본 위에 신뢰가 쌓여야 연장이 진행된다는 것을 시간이 지날수록 느꼈습니다.

가끔 후회스러울 때도 있었습니다. 정성을 쏟았으나 당연한 듯 여기고 떠나는 어머님들도 계셨고, 사춘기를 핑계로 버릇없이 구는 아이들도 있었습니다. 이것은 서비스업이기에 완벽할 수 없습니다. 모든 사람에게 사랑받을 수는 없는 법입니다.

분명한 것은 교육 서비스업이라고 하는 직종과 저는 정말 잘 맞는다는 것입니다. 집에서 아이들을 돌보면서 일한 만큼의 월급을 받을 수 있는 것은 감사한 일입니다.

불평은 발전의 씨앗

온라인 영어 상담 일하면서 새로운 일을 계획합니다. 머릿속에는 이 일 말고도 하고 싶은 일이 또 있었습니다. 아이들이 아토피로 아파서 고생할 때도 꿈을 현실로 만들어 낼지 머리를 쓰던 사람입니다. 앞이 보이지 않는 깜깜한 암흑 속에서도 살아보겠다고 애를 썼습니다.

저는 불평이 많은 사람입니다. 상황에 만족하지 못하는 저 자신이 싫어 자괴감에 빠진 적도 있었습니다. 불평이 가진 힘을 모르고 있었습니다. 만족을 못 한다는 것은 발전하기 위한 몸부림이라는 것을 차차 깨달았습니다. 더 좋은 미래로 발전하고 싶은 욕구가 가득 찬 사람이었습니다.

그 욕구를 어떻게 해결할 줄 몰라 방법을 찾느라 시간이 걸렸던 것뿐입니다. 자신을 인정하고 그런 인생을 살게끔 행동하는 사람. 그것이 바로 저입니다. 영어 상담 업무를 시작하고 1년 반이 되었을 즈음, 저는 또 다른 도전을 시작합니다.

3

있는 자리에서
쉽게 접근하라

잘하는 일을 확장하자

두 번째 직업은 초등 학습법 코칭입니다. 우연히 시작하여 전문성을 키웠습니다. 저에게는 조카가 두 명 있습니다. 조카들은 영어에 관심이 전혀 없었습니다. 여동생 역시 직장 생활을 빡빡하게 하다 보니 시간이 없었습니다. 같은 지역에 있었다면 공부를 가르쳐 줄 수 있는데 해주지 못하는 미안함도 컸습니다.

어렸을 때 독서와 공부 바탕을 깔아줘야만 아이가 발전할 수 있다는 것을 저는 알고 있었습니다. 학습 습관의 적기를 놓치는 것을 보고 싶지 않았습니다. 어떻게 하면 물리적으로 멀리 있는 조카를 가르칠 수 있을까가 가장 큰 고민이었습니다.

초등학교를 들어간 조카에게 하루 한 권 책 읽기와 연산부터 시작해서 공부 습관 잡아주는 코칭을 시작했습니다. 그러면서 다시 학생들을 가르치고 싶다는 욕구가 커졌습니다.

공부방도 교습소도 차릴 수 없는 상황이었음에도 저는 커리큘럼을 만들고 수정하는 것을 수도 없이 진행했습니다. 손발이 묶인 상황을 어떻게 극복하느냐를 늘 골똘히 생각했습니다.

그때 마침, 'Khan Academy'가 떠올랐습니다. 'Khan Academy'는 칸 살만이라는 인도계 미국인이 멀리 있는 조카를 위해 유튜브에 수학 문제를 푸는 것을 올리면서 시작이 된 웹사이트입니다. 현재는 전 세계 누구나 무료로 학습을 할 수 있는 거대한 사이트가 되었습니다.

원거리의 조카에게 학습을 알려줄 수는 있지만 인터넷으로 영상을 올리는 것은 정말 자신 없었습니다. 온라인으로 강의를 올리는 것이 아닌 실시간 수업을 진행하고 싶었습니다. 매일 과제를 하고, 실시간으로 수업하면서 바로바로 체크를 할 수 있는 시스템이 필요했습니다.

영어 상담 일하면서 고민은 계속되었습니다. 불가능할 것 같아 포기하려 하다가도 놓을 수가 없었습니다. 현실에 매몰되지 않으려고 발버둥을 치는 저 자신이 안쓰럽기도 했지만 반대로 도전하는 모습을 스스로 칭찬했습니다.

고민 끝에 화상수업을 생각하게 됩니다. 코로나라는 거대한 질병이 지구를 강타하고 학교는 원격 수업이 시작됐습니다. 학교와 학원 선생님들의 수업이 온라인으로 당연히 진행되어야 하고 필수가 되었습니다.

온라인 수업 전문가가 되기 위한 노력

온라인으로 진행되는 수업을 연구하다가 'ZOOM'이라는 프로그램을 알게 되었습니다. 컴퓨터와 친하지 않았던 저는 처음부터 하나하나 다시 찾고 공부했습니다. 교안 만들기부터 필기 준비까지 오롯이 혼자서 해결해야 했습니다.

줌 수업 도중 아이들을 통솔하기 힘들어하는 학교와 학원 선생님들의 이야기를 들으면서 많은 연구를 했습니다. 어떤 방법으로 접근해야 당황하지 않을지 고민했습니다. 온라인 수업으로 전환이 되면서 실망하고 학원을 중단하는 어머님들의 이야기들을 들으며 온라인에 최적화된 수업을 연구하기 시작했습니다. 단점들을 극복할 방법을 생각해내야 했습니다.

교안을 온라인화 시키는 것이 우선이었습니다. 줌에서 활용할 온라인 교재가 필요해서 하나하나 만들었습니다. 처음엔 'ZOOM' 자체에 존재하는 필기 시스템을 활용했지만 자연스러운 필기를 원하게 되었습니다. 결국 전문가용 드로잉 태블릿까지 갖추게 됩니다.

컴퓨터의 활용과 양질의 수업을 동시에 진행할 수 있어야 한다는 것이 성공의 열쇠라고 생각합니다. 어느 쪽도 소홀히 할 수 없습니다. 실시간 온라인 수업은 학부모들이 원하면 언제든 볼 수 있습니다. 저는 그것을 오히려 이용했습니다. 부모님이 제 수업을 몰래 듣는다면 오히려 저를 떠나지 않을 것이라는 자신감이 있었습니다.

코로나가 진정된 후에도 아이들이 학원을 가지 않을 수 있게 내공을 쌓아주자는 것이 목표였습니다. 수업이 멈추지 않으려면 오프라인 학원들과 경쟁할 장점이 있어야 했습니다.

줌으로 보이는 작은 화면 안 아이들의 태도를 대면하는 강사들보다 더 세심하게 잡아내고 어머님들과 밀착해 상담을 진행했습니다. 대면 수업보다 더 밀착되어 있다는 느낌을 강조했습니다.

가르치기 시작한 과목은 영어가 아니었습니다. 영어 상담 일하면서 놀랐던 것은 아이들도 엄마들도 국어를 제대로 알지 못한다는 것이었습니다. 영어, 수학 학원은 즐비하지만, 아직 국어 학원은 유행을 타지 않을 때였습니다. 학군지에서나 국어의 중요성을 이야기하고 있었습니다.

저는 국어 공부를 한 사람입니다. 학원 강사 일도 다른 과목을 진행했지만, 마음속에는 늘 국어가 있었습니다. 아이들의 국어가 부족한 그것들이 상담하면서 자꾸 눈에 보여서 국어로 커리큘럼을 짜기 시작했습니다.

제가 추구한 것은 글의 구조를 배우고 문장과 문단을 구분하고 설명하는 방법의 종류를 아는 '국어' 수업입니다. 학교의 국어 교과서에도 다 들어있는 내용이지만 정작 아이들은 기억도 못 하는 기본 중의 기본입니다. 기본을 찾아야 문학, 비문학, 논술이 가능하다는 것을 적용을 시킨 것입니다.

교육할 플랫폼을 정하고 커리큘럼을 완성한 후 회원 모집을 시작했습니다. 먼저 교육관이 맞는 어머님들께 연락을 드려 합류 의사를 여쭤봤습니다. 씨앗 회원의 모집이 얼마나 힘든지 익히 알고 있었기 때문에 저의 교육관을 믿고 따라주실 분들에게 우선 선택권을 드렸습니다.

온라인의 장점을 극대화하고 소규모 과외를 받는 것 같은 환경을 추구했습니다. 저의 수업은 정원이 4명입니다. 아이들 순간순간의 행동이 동시에 제 눈에 들어오는 숫자가 4명이었습니다. 많은 아이를 동시에 컨트롤 할 수 없는 것을 잘 알고 있기에 이 규칙은 지금도 지켜지고 있습니다.

열정을 찾아야 N잡이 가능하다

저는 집에서 전화 상담과 온라인 수업을 각각 다른 요일로 나누어서 진행하고 있습니다. 상담 준비도, 수업 준비도 만만치 않습니다. 단순히 돈을 벌기 위한 일이었다면 이렇게 최선을 다하지 못했을 것입니다. 저는 아이들이 성장하는 모습을 보는 것이 정말 좋습니다. 저의 코칭과 티칭으로 새로운 세계에 들어서는 것을 보는 것이 행복합니다.

돈을 제대로 벌려면 제대로 일해야 합니다. 제대로 일한다는 것은 무엇일까요? 나의 열정을 바칠 수 있는 일을 찾는 것이 가장 중요합니다. 하고 싶은 일을 해야 힘들어도 버틸 수 있으니까요. 나의 능력을 200%를 보여주어야 100%의 결과물이 생기는 곳이 교육 서비스업 계라고 생각합니다.

정말 열심히 하지 않는다면 수업료를 내는 것이 아까울 것입니다. 그런 상황은 절대 만들지 않으려고 노력했습니다. 수업이 비효율적인 친구들은 오히려 먼저 정리할 정도였으니까요.

국어로 시작했던 수업은 번성하기도 하고 작아지기도 하면서 지금까지 왔습니다. 수업을 하다 보니 소개로 새로운 친구들을 만나기도 하고, 개별 수업을 의뢰해 주시기도 합니다.

아이의 교육을 누군가에게 맡긴다는 것은 정말 큰 신뢰가 있어야만 가능한 일이기 때문에 저는 오늘도 믿음을 깨지 않으려고 노력합니다.

20대는 멋모르고 열심히만 살았습니다. 30대는 아토피의 공격을 굳건히 버티면서 엄마표 영어를 진행했습니다. 그 결과 30대 후반에 집에서 일하면서 제대로 버는 사람이 되었습니다.

4

하나의 성취로
셀프 동기부여를 만들어라

부럽다면 도전하자

7~8년 전 시립 도서관에 엄마표 영어 강의를 들으러 갔습니다. 엄마표 영어에 성공하고 책을 내고 강연까지 한다는 것은 꿈만 같은 일이었습니다. 연예인을 보는 기분으로 강연을 듣고 왔습니다. 강연이 끝나고 나서 질투하는 저의 모습이 보였습니다.

자격지심으로 똘똘 뭉친 시절이었습니다. 둘째의 아토피는 개선될 기미가 없고, 아토피 치료로 들어가는 돈은 끝이 없었던 그때, 책을 사는 것조차 사치였던 때였습니다. 당당한 강연자의 강의가 부러웠습니다.

강연하고 싶었지만, 제 이력으로는 어림도 없었습니다. 도서관의 어린이를 위한 특강 프로그램들도 몇 년간의 강의 이력이 있어야 강사 신청이 가능했습니다. 어디서 경력을 만들어 와야 하는지도 몰랐습니다. 강연 정보를 알아낼 때마다 동시에 좌절이 밀려왔습니다.

저의 머리는 끊임없이 미래를 설계했습니다. 이뤄지지 않을 일을 상상하는 것은 즐겁지만 비참하기도 한 일입니다. 방법도 방향도 없는 일을 시도하려고 하는 서글픈 시절이었습니다.

영어 프로그램 코칭 일을 시작하고 줌 수업을 진행하면서 강연을 하고 싶은 욕구는 조금씩 채워졌습니다. 완벽하지는 않았지만, 코칭 일을 하는 것은 즐거웠고 아이들을 가르치는 일은 또 다른 기쁨이었습니다.

블로그 이웃 중 엄마표 영어에 성공하신 분이 계셨습니다. 엄마표 영어책을 내시더니 도서관 강연을 다니시고, 많은 분께 가르침을 전하고 계셨습니다. 출간하는 책들이 한 권, 한 권 늘어갔습니다. 부러움이 밀려왔습니다. 과거의 기억까지 생각이 나면서 책을 쓰고 싶다는 꿈이 다시 고개를 들었습니다.

꿈만 꾸면 아무 일도 일어나지 않습니다. 그때의 저는 꿈만 꾸는 사람이었습니다. 책은 그만큼 저에게 거대한 산 같은 장애물이었습니다. 산이 눈앞에 있지만 등산 장비 하나 갖춰지지 않아 등반할 엄두도 못 내던 시절이었습니다.

영어 교육을 전문으로 한 분들이나, 혹은 아이들을 영어로 성공시킨 분들의 저서가 대부분이었습니다. 정말 보통 엄마의 책은 없었습니다.

결과물이 나오거나 전문적인 교육이 있어야 나올 수 있던 책이었기에 책 표지의 저자 소개를 보면서도 부러워했습니다. 저는 어느 쪽도 해당하지 않았으니까요.

사람들에게 방법을 알려주고 싶은 마음이 점점 커졌습니다. 혼자서 외롭게 정보를 찾고, 단계를 올라가면서 했던 기술을 나눠주고 싶었습니다. 이제껏 영어 코칭을 하면서, 줌 수업을 하면서 수도 없이 엄마들에게 조언해 주었지만 부족한 점이 있었습니다. 제 자신의 전문성을 입증하는 것입니다. 전문성을 입증하기 위해 가장 좋은 방법은 책이라는 생각이 들었습니다.

영어 전문가가 아니라 엄마라서 가능한 책을 쓰고 싶어졌습니다. 보통 엄마들도 가능하다는 것을 보여주고 싶었습니다. 언어의 특성을 잘 활용하면 누구나 도전해 볼 만한 과정이라는 것도 알려주고 싶었습니다. 생각만 가득 차오르던 시절 새로운 방법을 만나게 됩니다.

도전하고 실행하자

작년 여름 블로그에서 공동 저자로 책을 썼다는 글을 보게 되었습니다. 그때 처음 기획출판을 알게 되었습니다. 책은 의뢰받은 분들만 쓰는 줄 알았습니다. 새로운 시대가 도래했다는 것을 전혀 알지 못했습니다. 누구나 작가가 될 수 있는 세상이 되었고 사람들은 완벽하게 도출된 결과도 원하지만, 과정을 더 궁금해한다는 것도 알게 되었습니다.

출판 기획을 도와준다는 '브랜드 미 스쿨'에 도움을 청했습니다. 22년 9월에 첫 문의를 하고도 선뜻 시작하지 못합니다. 내 이야기가 과연 책이 될 만한 가치가 있을까에 대한 고민으로 3개월을 흘려보냈습니다. 아직 때가 아니라는 핑계를 대면서 말입니다. 책을 낸다는 것은 저에겐 꿈같은 일이었기 때문에 섣불리 덤비지 못했습니다.

가을이 되고 또 한 번의 책 출간 소식이 저에게 찾아옵니다. 영어 상담을 해주던 학생의 어머님께서 책을 내셨다는 소식이었습니다. 이 어머님 역시 굉장히 멋진 분이셨고 학생 또한 당연히 기특하고 성실한 친구였습니다. 출간하신 책이 기관의 추천 책으로 선정되고, 강연으로 뻗어나가는 모습을 보면서 부러운 마음을 숨길 수가 없었습니다.

더 이상 주변인의 출간을 지켜보고만 있을 수는 없었습니다. 세상을 향해 뻗어 나가고 싶은 욕구를 펼치고 싶었습니다. 이제 정말 때가 된 것일까요? 12월 마지막 주 저는 책을 쓰기로 결심했습니다. '브랜드 미 스쿨'의 우희경 코치님의 멘토링으로 새로운 도전을 시작했습니다. 상담을 받으며 엄마표 영어를 진행했던 이야기를 풀어놓았습니다.

"재밌겠는데요?"

우희경 코치님의 한마디에 저는 책을 쓸 용기를 낼 수 있었습니다. 수업을 들으면서 초고 쓰기라는 단기 목표를 향해 전진했습니다. 초고를 쓰면서 엄청난 희열을 느꼈습니다. 일단 완성해보자는 생각 속에 하루 8

시간까지 글을 쓰기도 했습니다. 목차를 잡고 목차에 벗어나지 않으려 애를 썼습니다. 10여 년의 이야기는 한 바구니에 오롯이 담기게 되었습니다.

10년을 눌러왔던 이야기를 쓰는 과정은 이제까지 해왔던 모든 것을 정립하고 새로운 시작을 만들어가는 미래 지향적인 일이었습니다. 과거의 정리로 끝나는 것이 아닙니다.

떨리는 마음으로 투고를 하고 투고 당일에 출판사의 연락을 받았습니다. 계약을 하고 한 달되 되지 않은 3월 21일에 정식 출간이 되었습니다. 책을 받은 날 한참을 울었습니다. 10년간의 모든 여정이 떠올랐습니다. 책을 보자마자 작가 이름을 찾는 아이들을 보면서 뿌듯함에 또 눈물이 흘렀습니다.

셀프 동기부여로 나를 키우자

책이 출간되고 가장 먼저 도서관을 찾아갔습니다. 책을 사랑하는 마음으로 인연이 닿았던 도서관 선생님은 도서관 관장님이 되셔서 저를 맞아 주시고 출간을 진심으로 축하해 주셨습니다. 저는 당당하게 강연하고 싶다고 말씀드릴 수 있었습니다.

나를 증명할 커리어를 만들지 못해 전전긍긍하던 시절의 모든 일들이 스쳐 지나갔습니다. 책의 내용을 듣고 공감해주는 도서관 직원들의 눈빛에 다시 한번 감동받았습니다. 이게 제가 이룬 일이라는 뿌듯함에 행복합니다.

도서관에서 2일간 4시간에 걸쳐 첫 강연을 했습니다. 어디서도 느껴보지 못한 행복감이 저를 채웠습니다. 나를 일으키는 동기는 나 자신에게 있다는 것을 깨달았습니다.

오프라인 강연을 매월 일정에 넣으면서 감사함을 느낍니다. 강연하면서 전문가로서 당당하게 모든 것들을 말해 줄 수 있게 되었습니다.

책을 쓰기 전까지만 해도 '보통 엄마'라는 타이틀은 강연과는 거리가 먼 이름이었습니다. 하지만 이제는 '작가 엄마'가 되어 새로운 위치에 올라서게 되었습니다. 누구나 공감할 수 있게 토닥거리는 강연을 하며 저의 N잡 중 강연가가 추가되었습니다.

5

새벽의 어둠을 견디고
아침을 맞이하자

끝없는 어둠은 없다

8년 동안 가정 경제가 많이 힘들었습니다. 둘째의 아토피를 치료하려고 온갖 방법들을 찾아 헤맨 결과입니다. 남편과 저는 너무 몰랐습니다. 아토피가 아니어도 아이 둘을 외벌이로 키운다는 것이 무모한 일이라는 것을 시간이 지나서야 알게 되었습니다.

아이에게는 엄마가 필요하다고 굳게 믿었던 저의 신념도 흔들리기 시작했습니다. 경제적 어려움은 사람의 가치관까지 바꿔버리는 무서운 적이었습니다.

모든 방향의 길이 막혀 막다른 골목에 서 있는 시기였습니다. 아이를 두고 나갈 수도 없고, 그렇다고 시어머니까지 모시고 사는 상황에 집에서 무엇인가를 시작할 수도 없었습니다. 머릿속에서 하루에도 열두 번씩 미래를 위한 사업을 시작했다 무너뜨리기를 반복했습니다.

시간이 흘러 생각하니 그때의 저에게 기특한 부분이 있었습니다. 새로운 시작을 고민할 때 가장 잘하는 분야를 생각한 것입니다. 힘든 순간 사업을 구상하면서도 엉뚱한 아이템으로 고민하지 않았습니다. 저는 오로지 '교육 서비스'만 머리에 두고 있었습니다. 말하자면 저의 전문 분야에 대해 고민하고 있었던 것입니다.

설명하고 설득하고 이해시키는 작업, 즉 말로 깨우침을 주는 일은 누구보다 잘할 자신이 있습니다. 학생들을 관찰하여 장점을 극대화하고 단점을 채우는 일 또한 전문이라고 할 수 있습니다. 그 분야에 다시 발을 집어넣으려고 저는 수도 없이 시뮬레이션을 돌렸던 것입니다.

단순히 돈을 벌기 위한 수단으로 일을 구했다면 지금의 저는 없었을 것입니다. 경력 단절 여성들이 선택할 수 있는 흔한 노동들에 파묻혀 발전하지 못했을 것입니다. 농사를 지으시며 미술관 청소 일하시는 친정어머님의 말씀이 저를 붙들었습니다. 몸을 쓰는 일을 하겠다는 저에게 쓸데없는 돈 욕심 부리지 말고 잘하는 것을 하라고 하셨습니다. 육체노동이 저에게는 맞지 않는 일이라는 말씀이셨습니다. 잘하고 좋아하는 일을 하는 딸의 모습을 보고 싶으셨던 것입니다.

자존감이 바닥이었던 그 시기에도 누군가 자녀 교육에 대한 조언을 구하면 눈이 반짝거렸고, 시간과 장소를 가리지 않고 만나서 상담했습니다. 저의 몰골은 말이 아니었지만, 생각만큼은 가장 반짝이던 때였습니다.

새벽녘의 해를 만나다

암흑의 시기를 지나 처음 만난 직업이 온라인 영어 상담 일이었습니다. 교육에 대한 열정, 영어에 대한 정성을 오롯이 아이에게 쏟던 저에게는 잘 맞는 옷이었습니다. 벌어들이는 금액이 중요한 것이 아니었습니다. 내가 좋아하던 일을 다시 시작하게 되었다는 것이 가장 컸습니다.

작은 상담에도 충실하다 보니 인정받게 됩니다. 6개월, 1년 지난 회원들이 연장하고 저를 선택해서 신규 회원들이 늘어납니다. 저는 자신을 살리는 일에 집중했을 뿐인데 그것이 미래를 만들어주었습니다. 그래서 좋아하고 잘하는 일에 집중하는 것이 맞는 것입니다.

하나의 욕구가 채워지면서 새로운 미래를 설계하게 됩니다. 상담을 꼼꼼하고 세밀하게 하다 보니 지금 학생들에게 필요한 것이 무엇인지 분명하게 알 수 있습니다.

하나의 일에 새로운 일을 얹는 것은 쉬운 일은 아닙니다. 여러 개의 일을 하는 것은 더더욱 힘이 듭니다. 저의 경우 '교육 서비스업'이라는 큰 틀은 같지만, 그 안에서 소비자들이 원하는 서비스의 종류가 각기 달랐습니다. 특히 교육 서비스업은 준비 과정이 늘 필요한 작업이기 때문에 시간 활용이 저에게는 정말 중요했습니다. 더불어 소비자는 절대로 자신의 서비스가 질이 낮아지는 것을 원하지 않기 때문에 기존 고객들을 관리하는 것 또한 심혈을 기울였습니다. 기존 어머님들의 불안감을 없애 드리기 위해 더 열심히 상담하고 수업을 준비했습니다.

20대의 열정적이고 적극적이었던 저는 30대에 아픈 아이를 돌보느라 인생의 바닥으로 내동댕이쳐졌습니다. 지금 40대의 저는 이제까지의 어떤 모습보다 당당합니다.

현실에 충실하며 엄마표 영어를 시작했습니다. 영어 프로그램 상담사가 되었고, 줌 수업을 진행했습니다. 그리고 책을 내고 강연하게 되었습니다. 10년 전의 저는 이런 오늘을 상상조차 할 수 없었습니다. 말도 안 되는 헛꿈이라고 생각했던 시절이었습니다. 이제는 미래가 궁금해집니다. 어떤 일이 생기더라도 이젠 잘 버틸 자신이 있습니다. 10년, 20년 뒤의 저의 모습을 생각하는 것이 즐겁고 기대가 됩니다.

모두에게는 저마다의 태양이 있다

모든 일에 매달리고 진득해질 수는 없습니다. 그것은 자기의 에너지를 낭비하는 일입니다. 몰입하고 집중할 무언가를 찾아야 합니다. 저처럼 환경적으로 하게 되는 일도 괜찮고, 스스로 도전하셔도 좋습니다. 하지만 그 일은 내가 좋아하는 일이어야만 가능합니다.

잘하는 일을 하고 있지만 좋아하지 않을 수 있습니다. 잘하는 일을 찾으셨다면 그 일을 바탕으로 좋아하는 일을 반드시 찾으세요. 상담도 줌 수업도 저에게 큰 만족감을 주지만 책을 쓰고 강연하는 일은 그 이상의 행복을 저에게 줍니다. 내가 오롯이 나로서 서 있다는 느낌이 듭니다.

자녀 교육에 진심이었던 보통 엄마는 다른 자녀들의 교육까지 신경 쓰는 코칭 전문가가 되었습니다. 강연하고 수많은 엄마의 교육 고민을 들어주고 있습니다. 상담 케이스 하나마다 정확한 진단을 하고 개선 방법을 제시하고 있습니다.

지금까지 해 온 일을 잘 다듬고 확장해서 또 다른 세상을 열어가려고 합니다. 꿈을 확장하면서 새로운 목표를 만들고 행동하려고 합니다.

여러분은 꿈을 확장시킬 자신이 있으신가요? 저는 자신이 전혀 없던 사람입니다. 꿈만 꾸다가 끝이 날 줄 알았습니다. 불평이라고 생각했던 것들이 저를 발전시키는 원동력이 되었습니다. 상황을 이겨내려는 의지로 저를 살려냈습니다.

10여 년의 경로를 완성하기에 이르러서야 모든 일에 최선을 다했던 자신에게 칭찬해줍니다. 이 글을 읽는 분들에게도 버티면서 꿈을 확장하라고 말씀드리고 싶습니다. 강해서 버티는 것이 아니라 버티면 강한 것이라는 말이 있습니다. 하루하루 묵묵히 최선을 다해 살면 결국 전환점은 찾아옵니다.

무엇을 잘하고 좋아하는지 스스로 고민해야 합니다. 환경을 극복할 방법을 끊임없이 생각하고 도전해야 합니다. 절대 허황된 꿈이 아닙니다. 성공한 이들에 대한 질투조차도 자신을 이겨내는 원동력으로 사용하면 됩니다. 새로운 일을 하나씩 만들어가다 보면 결국 가장 좋아하는 일에 다다를 것입니다. 책을 읽는 여러분 모두에게 그날이 찾아오기를 바랍니다.

김수진

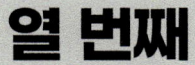

열 번째

시기에
따라 변화무쌍한
N잡러

(김수진)

1

고생은 사서도 한다는
진리

N잡러: 고생 끝에 낙이 온다는 말에 대한 믿음

옛날 속담에 '젊어서 고생은 사서도 한다.'라는 말이 있습니다. 그 이유
는 무엇일까요? 인간은 삶을 통해 다양한 경험을 하게 됩니다. 살다 보
면 이런 일도 있고 저런 일도 겪기 마련입니다. 때로는 그 일 때문에 힘
겹고 아픈 날도 있습니다. '고생을 사서 한다'는 것은 아무리 힘든 일이라
도 온전히 그 상황을 겪어내는 것입니다.

당장 처한 상황이 힘들다고 도망가지 않고 버티며 살아온 시간이 지금
의 저를 만들었습니다. 고등학교 1학년부터 아버지의 사고로 인해 가정

이 무너지고 힘든 시간을 버틸 수 있었던 것 또한 오직 '고생 끝에 낙이 온다'는 속담을 믿었기 때문입니다.

제 고생이 시작된 시점을 떠올려 보면 고등학교 1학년 때로 거슬러 올라갑니다. 급하게 저를 부르는 담임 선생님의 목소리에 놀라서 복도로 뛰어나갔습니다. 아빠가 공사 현장에서 추락해서 뇌를 다쳤다는 소식이었습니다. 큰 병원에 가서 긴급 뇌수술을 해야 한다며 병원으로 바로 가라고 하셨습니다.

아빠는 두 번의 수술 끝에 겨우 생명을 구할 수 있었습니다. 그때부터 아빠는 사고 후유증으로 '뇌 병변 장애인'으로 살아가게 되었습니다. 그 일이 있고 난 후 우리 가족의 실질적 가장은 엄마였습니다. 엄마는 인력 사무소를 통해 일자리를 구한 후, 식당에서 일했습니다. 매일 육체노동에 시달려야 했던 엄마는 밤마다 온몸이 쑤신다고 말했습니다. 우리 집의 운명은 아빠의 사고로 한순간에 바뀌었습니다. 학교 끝나고 집에 가면 누워계신 아빠를 보며 건강했던 시절의 모습이 떠올랐습니다. 다시는 회복될 수 없다는 의사의 말에도 '아빠만 일어나면 우리 집에 일어나는 모든 문제가 다 해결될 것 같아.'라고 생각하며 그 시간을 버텼습니다.

아빠가 병상에 누워계실 때, 저는 대학 입시를 치렀습니다. 대학에 가고 싶었지만 당장 낼 등록금이 없었습니다. 찬밥 더운밥 가릴 때가 아니었던 저는 그때부터 닥치는 대로 아르바이트를 시작했습니다.

일자리를 구하기 위해 거리를 배회하고 있을 때, 햄버거 가게 문 앞에 붙은 구인 광고가 보였습니다.

"저기, 아르바이트 구하셨나요?"

N잡러: 생계형 아르바이트부터 시작하다

이때부터 저는 생계형 직업의 전선에 뛰어들게 되었습니다. 지금까지 뼈가 되고 살이 되었던 경험을 나열하자면 다음과 같습니다.

–잡지사 구독자 독촉 전화

제가 한 일 중에서 기억에 남는 일 하나를 꼽으라면 구독료 미납자를 대상으로 하는 독촉 전화였습니다. 내성적인 성격이었던 저는 독촉 전화를 하는 일이 무척 어려웠습니다. 특히 구독자에게 욕을 먹거나 폭언을 듣는 날은 밤새워 잠꼬대했습니다.

지금은 감정노동자에 대한 존중이라는 개념이 있습니다. 제가 아르바이트를 하며 겪은 부당한 일을 누구에게 하소연할 곳이 없었습니다. 지금은 더 단단해진 어른이 돼서 누군가 생각 없이 내뱉는 말에 상처받지 않게 되었습니다.

–편의점 야간 아르바이트

잡지사 일이 끝나고 집에 가서 3시간 정도 자고 편의점 야간 아르바이트를 하러 갔습니다. 가족의 생계를 유지하며 등록금을 모으기엔 잡지사 수입으로는 턱없이 모자랐기 때문입니다. 그래서 선택한 '투잡'이 편의점 야간 아르바이트였습니다.

하루 24시간 중 새벽에도 사람들은 편의점에 들릅니다. 이른 시간, 출근하는 사람들의 모습에서 활기가 느껴졌습니다. 열심히 살아가는 사람들의 모습을 가장 먼저 볼 수 있는 것은 아마도 새벽 첫차와 편의점이 아닐까요?

–달력 공장

단기 아르바이트로 유명 컴퓨터 회사 달력을 만드는 공장에서 일했습니다. 책상 위에 놓는 달력부터 은행에서 나눠주는 벽에 거는 달력까지 다양한 달력을 모두 만드는 곳이었습니다. 힘든 일이었지만 시급제보다 일당을 더 많이 받을 수 있다는 장점으로 선택한 일입니다.

공장에서 하나의 물건이 만들어지기까지의 과정을 통해 물건의 소중함과 누군가의 노동력이 들어 있다는 것을 깨달았습니다.

–백화점 주말 판매직 아르바이트

백화점 일은 하루 10시간 가까이 바쁘게 뛰어다녀야 하는 일입니다. 손님이 없더라도 그 자리를 지키며 서 있어야 합니다. 다른 일에 비해 백화점 일은 아르바이트 중 시급이 높은 편입니다. 시급이 높다는 것은 그만큼 노동의 강도가 세다는 말을 의미합니다. 오래 서 있거나 무거운 물건을 들어야 하며 고객에게는 늘 친절한 목소리로 응대해야 하는 서비스 정신이 필요한 일입니다. 단기 아르바이트생의 경우 매장 직원 또는 행사 담당자와의 신뢰를 쌓아야 다음 행사에 연락받을 수 있습니다. 꾸준히 일을 맡기 위해서는 업무 능력과 더불어 시간 약속과 대인관계 능력이 좋아야 합니다.

–시계 판매점

제가 처음으로 시급제가 아닌 월급을 받고 일한 곳은 시계 판매점이었습니다. 매장에서 시계를 파는 일은 정말 힘들었습니다. 하루 매출이 일정 부분 나오지 않으면 사장님에게 눈치가 보이기도 했습니다. 당장 생계와 학비를 벌기 위해서 어쩔 수 없이 하는 일이라고 생각하며 버텼을 뿐입니다.

N잡러: 아르바이트생의 사장 마인드

그러던 어느 날 문득, '내가 사장이라면 어떨까'라는 생각했습니다. 어릴 적 역할 놀이를 하는 것처럼 1인 사장 역할을 맡았다는 마음으로 일했습니다. 그랬더니 시계를 파는 일이 부담이 아닌 재미로 다가왔습니다. 1년간 일하면서 소규모 매장 운영 방법을 배웠습니다.

생계를 유지하기 위해 닥치는 대로 했던 일에서 저는 다양한 업무 지식과 경험을 쌓았습니다. 저는 시간을 팔아서 돈으로 바꾸는 아르바이트를 하지 않았습니다. 오히려 시간을 들여서 돈을 받으며 공부했습니다.

위에서 나열한 아르바이트 이외에 수십 가지 아르바이트를 더 했습니다. 그 경험을 바탕으로 지금의 저는 N잡러의 삶을 살아가고 있습니다.

사람들로부터 'N잡러가 될 수 있었던 방법은 무엇이냐'는 질문을 받은 적이 있습니다. 그에 대한 제 대답은 다음과 같습니다.

"처음부터 N잡러를 꿈꾸진 않았습니다. 다만 주어진 일을 성실히 수행하고 남는 시간에 또 할 수 있는 일을 찾으려고 노력했습니다. 새로운 일을 만날 때마다 무엇이든 도전할 수 있었던 용기는 오랫동안 다양한 아르바이트를 통해 얻게 되었어요."

현재 N잡러를 꿈꾸는 분이 있다면 이렇게 말해주고 싶습니다. 일상에서 일어나는 모든 경험을 자기 것으로 만들어서 꼭 어딘가에 써먹을 수 있도록 활용하라고 말하고 싶습니다. 그게 바로 당신 자신만의 경쟁력이기 때문이니까요. 만약 저처럼 N잡러를 꿈꾼다면 매 순간 부딪히는 어려운 현실에서 도망치지 마십시오. 현실에서 배운 지혜를 통해 당신은 한 뼘씩 성장할 수 있기 때문이니까요. 지금 당신이 걸어가는 길이 고생길이더라도 끝까지 그 길을 걸어가 보라고요.

2

초보가 만렙으로
성장하기

N잡러: 초보 강사의 도전기

출근길, 저는 가벼운 발걸음으로 집을 나섰습니다. 매일 일하면서 즐겁기만 하냐고요? 설마요. 저에게도 마지못해 출근하던 25년 전의 오늘이 있었습니다.

구직 활동을 위해 지역신문을 펴고 일자리를 알아보던 때였습니다.

"초등부 논술 강사를 구합니다."

구인 광고를 보고 저는 곧바로 그 학원을 찾아갔습니다. 원장님께서는 경력이 전혀 없는 저에게 몇 가지 질문을 던졌습니다.

"공부하기 싫어하는 아이는 어떻게 하시겠어요."

"단원 평가 점수가 떨어진 아이의 학부모 상담은 어떻게 해야 할까요?"

강사 경력이 전혀 없어서 제대로 된 대답을 하지 못했습니다.

'아무래도 이번 면접은 떨어지겠구나!'라는 생각이 들었습니다.

면접을 끝나갈 즈음, 제 예상과는 달리 원장님께서 수습 강사를 거쳐 지켜본 후, 저를 정식 채용하겠다고 제안했습니다.

면접에서 합격하고 기분이 좋으면서 동시에 첫 출근일이 다가올수록 두려운 마음이 들었습니다.

'혹시 아이들이 나를 안 좋게 평가하면 어떡하지?'

'질문을 받았는데 제대로 대답하지 못하면 어쩌지?'

머리가 하얘지던 그때 교실 문을 열고 들어갔습니다. 초등학교 1학년 아이들이 올망졸망 눈을 반짝이며 앉아 있는 모습을 보고 저도 모르게 그 모습을 보고 아이들에게 애정이 샘솟았습니다. 작은 손으로 한 글자씩 힘주어 눌러쓰는 글씨마저도 예뻤습니다.

"선생님, 저 이거 모르겠어요."

아이들이 손을 들어 저를 부르면 그 순간 아이들에게 내가 줄 수 있는 게 있어서 정말 기뻤습니다. 처음 논술 강사에 지원할 때만 해도 저는 논술 강사가 하는 일에 대해 정확하게 몰랐습니다. 학생을 가르칠 준비가 전혀 되어 있지 않은 상태로 논술 강사가 되었습니다.

초보 강사 시절, 매번 수업이 끝나면 스스로 부족함이 느껴졌습니다.

퇴근 후, 논술 교재에 실린 책을 읽고 발문을 준비한 후, 다음 날 수업을 했습니다. '초등부 논술 정도는 어렵지 않겠지.'라고 생각하고 수업에 들어갔다가 예상하지 못한 아이들의 질문에 대답하지 못해서 쩔쩔매는 날도 많았습니다.

N잡러: 초보 강사의 성장기

강사라는 직업을 선택한 계기는 생계를 유지하고자 어쩌다가 시작한 일이었습니다. 늦은 밤 퇴근길에 문득 '지금 하는 일을 평생 할 수 있을까?'라는 생각이 들었습니다. 학원 강사라는 직업의 특성상 일반 기업처럼 고용의 안정을 기대할 수 없었기 때문입니다. 그렇다면 '여기서 어떻게 해야 살아남을 수 있을까?'라는 생각으로 이어졌습니다. 그 순간, 초보 딱지를 떼고 제대로 된 강사로 성장하고 싶은 욕구가 생겼습니다. 20대부터 시작된 생계형 아르바이트와는 달리 제대로 된 일을 해보고 싶었기 때문입니다. 돈을 벌기 위해 선택한 일이 아니라 제가 정말 하고 싶은 일을 찾았다는 생각이 강하게 들었습니다. 제일 먼저 학원 강사라는 일을 하는 자세와 태도를 바꾸려고 노력하며 프로 강사가 되길 꿈꿨습니다.

최근 학원 강사의 연봉이 높다고 알려져서 학원 강사 입문을 희망하는 사람이 늘었습니다. 얼마 전, 학원 강사의 연봉이 100억이 넘는다는 기사를 본 적이 있습니다. 이는 일부 상위 0.1% 일부 강사의 이야기일 뿐 현실은 그렇지 않습니다. 학원 강사에 대한 직업 호감도가 올라가서 많은 이들이 관심을 두고 있다는 사실은 네이버 카페나 네이버 지식iN을 통해 알 수 있습니다. 네이버 지식iN에 올라온 질문 중 이런 내용을 보았습니다.

'유명 학원 강사가 되기 위해서 어떤 방법이 있나요?'라는 글이었습니다. 학원가에 입문하는 강사들은 대학교 2학년 수료하고 학원에서 조교를 하거나 시간 강사를 하며 강사 생활을 시작하는 경우가 많습니다. 저 또한 비슷한 시기에 같은 방법으로 학원가에 입문했습니다.

얼마 전에 방영한 '일타 강사'라는 드라마처럼 유명 강사는 하루아침에 만들어지지 않습니다. 아무리 작은 학원이라도 그곳에서 배울 점이 있다면 차근차근 자신만의 강의력을 쌓기 위한 노력이 필요합니다.

N잡러: 만렙 강사를 꿈꾸다

학원에 근무하며 정신적으로 힘들 때가 있었습니다. 그런 마음이 들 때 한 학생을 만났습니다. 그 학생은 초등학교 5학년부터 중학생이 되기까지 저와 함께 논술 수업을 했습니다. 학원에서 만나면 서로 농담을 주고받을 정도로 친해졌을 때의 일입니다.

어느 날 그 학생은 자신의 꿈에 관한 이야기를 꺼냈습니다. 자기 스스로 잘하고 좋아하는 일을 발견했다는 내용이었습니다. 순간 저는 그 아이의 빛나는 눈빛을 보고 기쁨과 동시에 부끄러운 마음이 들었습니다.

어른이 된 저는 가고자 하는 길을 몰라서 방황하던 시기였기 때문입니다. 대학 졸업 직후 취업에 대한 부담감과 미래에 대한 불안감으로 답답해서 미칠 것 같았습니다. 그런 제가 누군가가 꾸는 꿈에 영향을 미칠 수 있는 사람이 될 거라고 단 한 번도 생각해 본 적이 없었습니다. 그 아이 앞에서 더 이상 힘들다고 도망가는 사람이 되고 싶지 않았습니다. 한 번 강사라는 직업을 선택한 이상 전문가가 되기까지 아무리 힘들어도 버티겠다고 마음먹었습니다.

문득 어린 시절, 제가 만난 선생님의 모습이 떠올랐습니다. 그분은 무엇이든 느리게 배우는 저를 다그치지 않고 기다려 주셨습니다. 제가 선생님께 배운 것은 지식만이 아닙니다.

제자를 늘 믿어주고 기다려 주는 태도였습니다. 좋은 선생님들에게 받은 가르침의 절반도 제 학생들에게 해주지 못했습니다. 한 사람의 선생님이 '한 명의 학생에게 얼마나 큰 영향력을 미치는가?'에 대해 생각했습니다. 그렇기에 스스로 책을 읽고 물음을 던지며 직업인으로서의 강사가 아닌 아이들과 성장하는 강사를 꿈꿨습니다.

한때는 학생의 성적을 올리고 좋은 결과가 나와야 강사로서 인정받는다고 생각했던 때도 있습니다. 강사라는 직업을 선택한 순간부터 지금까지 수많은 시행착오를 겪었습니다. 스스로 능력이 부족하다고 그만두고 다른 일을 해볼까 싶은 적도 많았습니다.

그때마다 버틸 수 있었던 동력은 매년 만나는 아이들에게서 에너지를 얻고 스스로 직업에 대한 성취를 찾아가려고 노력하는 과정에서 생겼습니다.

올해로 강사 생활을 한 지 20년이 되는 해입니다. 현재 작은 공부방을 운영하는 1인 원장이자 N잡러로 살아가고 있습니다. 3년 전부터 경력을 인정받아서 경기도 교육 플랫폼에서 국어 강사 양성 과정 대표 강사로 일하고 있습니다. 동시에 출판사에서 문제집을 검수하거나 디자인 자문단을 하기도 합니다.

N잡러: N잡러로 살아갈 수 있었던 힘

제가 N잡러로 살아갈 수 있었던 계기를 떠올려 보면 초보 강사 시절에 겪은 시행착오 덕분입니다. 누구나 처음 해보는 일은 어렵습니다. 그렇다고 '이 길은 내 길이 아닌가 보다.' 하고 금방 포기한다면 다른 일을 할 때도 힘들면 도망가고 싶어집니다. 어떤 일이거나 도전하는 것만으로도 멋있다고 생각합니다. 도전의 결과가 내 생각보다 실망스러울 때도 있을 수 있습니다. 그때 저는 딱 한 가지를 떠올렸습니다.

'지금은 힘들어서 도망가고 싶지만 후회하지 않을 자신이 있을까?'

'뭐든 시작했으면 적어도 1년은 버텨내야지.'

이 두 가지 생각을 기준으로 초보 강사에서 만렙 강사가 되었습니다. 만렙 강사가 되고 보니 자연스럽게 N잡으로 이어지는 기회를 잡게 되었습니다.

지금의 저는 아이들을 만나는 직업이 얼마나 멋진 일인지 조금씩 알아가고 있습니다. 미래를 살아갈 어린이들과 현재를 함께 하는 직업을 가졌다는 사실은 꽤 멋진 일입니다. 저와 같은 교실에서 공부하는 학생들 덕분에 매일 출근길이 즐겁습니다. 만약 당신의 출근길이 즐겁다면 당신은 만렙이고, 프로 N잡러가 될 수 있다는 사실을 기억하길 바랍니다.

3

어쩌다 시작한 일도
직업이 된다

2020년 봄, 교습소 창업을 준비하던 때의 일입니다. 창업 준비 과정에서 가장 막막했던 것은 '학생을 어떻게 모집할까?'였습니다. 마침 비슷한 시기에 창업을 한 원장님의 소개로 블로그 마케팅 전문 업체를 소개받았습니다. 블로그 대행 서비스부터 교습소 홍보까지 모두 해 준다는 말에 130만 원을 입금했습니다. 한 달이 지나도 블로그에 포스팅은 한 건도 올라오지 않았습니다. 계약 당시 받은 명함에 적힌 블로그 홍보 마케팅 담당자와도 연락이 닿지 않았습니다. 그제야 문제를 직감했습니다.

처음에는 속았다는 생각에 화가 났습니다. 시간이 지날수록 점차 화는 누그러지고 저를 객관적으로 돌아보게 되었습니다. 학생이 오면 잘 가르칠 자신이 있다는 생각은 저만의 착각이었습니다. 학생을 모집할 능력이 없다면 학생을 가르칠 기회조차 주어지지 않기 때문입니다. 17년 강사 경력만 믿고 경영과 마케팅에 대해 생각해 본 적이 없었습니다. 교습소를 제대로 운영하려면 강사의 역할뿐만 아니라 1인 원장으로서 학생 모집이 먼저입니다. 학생 모집을 위해서 온라인 활동으로 무엇부터 해야 할까 막막했습니다.

코로나로 인해 일상이 멈췄던 시기라 오프라인 홍보는 더욱 어려울 때였습니다. 학교 수업이 온라인 수업으로 전환되던 시기였기에 학생 모집은 온라인에서 하겠다고 마음먹었습니다.

'1일 1 포스팅'을 100일 동안 실천하려는 목표를 세우고 블로그를 시작했습니다. 매일 마시는 커피에 대한 포스팅과 다녀온 맛집에 대한 방문 후기를 적었습니다. 휴일에 가족과 함께 놀러 갈 때 '아이와 가 볼 만한 곳'을 검색합니다. 내가 평소에 검색하는 주제로 글을 쓴다면 많은 사람이 찾는 블로그가 될 것이라는 생각이 들었습니다.

일반 블로그에서 최적화 단계의 블로그가 되고 나니 그토록 원하는 상위 노출이 되었습니다. 네이버 검색에서 상위 노출이 된 후 스마트 플레이스 상위 노출로 이어졌습니다. 돈 한 푼 들이지 않고 교습소 홍보 글을 쓸 수 있었습니다. 네이버 검색창에 지역명과 과목을 검색하면 네이버에 상위 노출이 돼서 학부모 상담으로 이어졌습니다.

학생이 한 명도 없어서 월세만 내던 교습소에서 6개월 만에 원생을 입회하는 교습소가 된 비결은 블로그 덕분이었습니다. 개원 2년 차에 원생 50명을 넘기며 교습소가 자리 잡아 갔습니다.

학원 원장들이 가입된 오픈 카톡방에서 누군가 물었습니다.

"블로그 홍보가 정말 효과가 있어요?"

"원장님, 지금은 어떤 사업을 하든 블로그 마케팅은 기본이에요."

불과 1년 전만 해도 블로그에 대해 아무것도 몰랐던 제가 동료 원장님에게 블로그를 운영하면 사업에 얼마나 도움이 되는지 이야기하기 시작했습니다.

"브레인K 원장님, 블로그 시작은 어떻게 해야 해요?"

학원 블로그 운영 방법에 대해 궁금하다는 원장님들의 요청이 있었습니다.

과연 '내가 원장님들에게 블로그를 가르칠 수 있을까?' 하는 생각이 들기도 했습니다. 잠깐의 망설임 끝에 저는 블로그 수업을 하기로 약속했습니다. 전국에 계신 원장님을 대상으로 온라인 블로그 마케팅 강의를 했습니다. 원장님들에게 블로그를 통해 상담 요청이 들어왔다는 소식을 들으면 제 노력이 보상받은 것만 같아서 함께 기뻤습니다.

N잡러: 재능 기부에서 직업으로 연결

그때부터 블로그 마케팅 강의를 재능 기부 강의로 이어갔습니다. 원장님들을 가르치기 위해 꾸준히 강의를 준비하며 강의력을 쌓았습니다. 덕분에 온라인 강의에 대한 역량을 자연스럽게 키울 수 있었습니다. 원장님들에게 학원 블로그 운영 방법에 대해 알려드리면서 저 또한 더 많은 것을 배울 수 있었습니다. 순조롭게 강의를 시작하던 무렵 한 가지 문제가 생겼습니다.

저의 강의를 듣고 블로그를 시작한 분 중에서 상당수가 중도에 포기한다는 것을 알게 되었습니다. 초반에 블로그를 열심히 하다가 그만둔 원장님에게 물었습니다.

"원장님, 블로그는 학원 홍보에 효과가 있는데 갑자기 왜 그만두셨어요?"

"요즘 다들 블로그를 하니까 중요하다는 것은 알겠어요. 근데 도무지 뭘 써야 할지 모르겠어요."

이렇게 답답함을 호소하며 힘들다고 중간에 그만둔 원장님들을 보며 제 수업에 문제점이 무엇인가 되짚어 봤습니다.

저의 블로그 강의를 듣고 성공한 사람도 있지만 실패한 사람이 있었습니다. 고민 끝에 내린 결론은 블로그 강의가 아닌 블로그 코칭 시스템으로 전환이 필요하다고 느꼈습니다.

N잡러: 꼬리에 꼬리를 무는 직업

그때부터 저는 원장님들의 블로그를 운영에 대해 동기부여를 하기 시작했습니다. 또 블로그를 함께 하는 원장님들을 모아서 블로그 코칭을 시작했습니다. 블로그 코칭을 하다 보니 단순한 지식 전달 위주의 강의와는 달라야 한다는 생각이 들었습니다.

곧바로 블로그 코칭 서비스를 론칭하고 실전에 바로 써먹을 수 있는 블로그 콘텐츠를 만들었습니다. 기존 블로그 수업 방식은 2시간에 걸쳐서 온라인 강의로 진행했습니다. 강의 이후 몇몇 원장님들은 전반적인 내용을 이해하지 못하고 넘어가는 부분이 많았습니다. 이 문제에 대한 대안으로 5분 이내의 짧은 강의를 제공했더니 학습자의 블로그에 대한 이해도가 훨씬 높아졌습니다.

다른 블로그 대행사와의 차별점을 두기 위해서 그들이 따라 할 수 없는 '글감 배달서비스'를 시작했습니다. 어떤 내용을 블로그에 써야 할지 모르겠다는 원장님들의 공통 목소리에 귀를 기울였습니다. 그렇다면 어떤 내용을 쓸 것인가에 대해 알려준다면 좋겠다는 생각이 들었습니다. 그때부터 글감이 될 만한 내용을 공유하고 구독료를 받았습니다.

2023년 1월, 저는 온라인 마케팅 코칭 수업을 하는 1인 기업 '브레인 학원 마케팅'을 창업했습니다. 블로그 코칭은 주로 퇴근 후 밤 10시부터 자정까지 하루 두 시간 정도 일했습니다. 각각의 직업마다 적절하게 시간을 나눠서 썼더니 무리하지 않고도 N잡을 이어갈 수 있었습니다. 그렇다고 해도 가끔 N잡러를 하다 보면 느껴지는 어려움이 있습니다. 제가 생각하는 N잡의 장단점을 한 단어로 표현하라면 '시간 운용'이라고 대답하겠습니다. 모두에게 공평하게 주어지는 시간을 활용해서 소득을 얻는 것이야말로 N잡러의 최대 장점입니다. 반면에 N잡러가 시간 활용 능력이 부족하게 된다면 본업뿐만 아니라 N잡 전체가 흔들릴 수 있습니다.

자신만이 가진 다양한 능력을 직업으로 전환할 수 있는 것이 N잡러의 장점 중 하나입니다.

때로는 취미나 봉사활동부터 시작해도 좋습니다. 저 또한 재능기부 강의에서 시작해서 아이디어 하나로 N잡러가 될 수 있었으니까요. N잡을 통해 머니 파이프라인을 구축할 수 있었고 동시에 본업인 학원 사업 홍보에도 큰 힘이 되었습니다. 무엇보다 각 직업이 유기적으로 이어져서 선순환되는 구조라서 하나가 잘 되면 다른 하나가 따라오는 경험을 하게 되었습니다.

제가 'N잡러'가 된 것은 본업을 더 잘하고 싶어서 다양한 도전을 했던 과정이 밑바탕이 되었습니다. 'N잡러'를 꿈꾼다면 당장 돈이 되지 않는 일이라도 시도하고, 도전해 보는 것이 먼저입니다.

4

꿈꾸는 사람이
N잡러로 제격

N잡러: 구직 실패, 창업 성공

대학에서 문학을 전공한 저는 대학 생활을 비롯하여 사회생활을 하면서 마케팅 업무를 단 한 번도 한 적이 없습니다. 인생의 대부분을 소비자로 살았을 뿐 '교육 콘텐츠 마케터'라는 직업에 대해 생각해 본 적은 단한 번도 없었습니다.

출산과 육아로 인해 단절된 사회생활의 시작은 만만하지 않았습니다. 새롭게 일을 시작하더라도 전공을 살려 가장 잘할 수 있는 일을 해야 성공할 수 있다고 생각했습니다.

창업이라고 하면 거창하지만, 실은 자본금 없이 집에서 방 한 칸에 책상을 놓고 아이들을 가르치는 일을 시작했습니다. 취업보다 창업을 선택한 이유는 여러 가지입니다. 구직 시장에서의 저의 가치는 높지 않았고 제시된 급여는 제가 원하는 금액보다 낮았기 때문입니다. 또 그렇게 구직에 성공한다고 해도 몇 년을 다닐 수 있을까 생각해 보면 회의적인 생각이 들었습니다.

고등학교 시절 아버지의 사고 이후 운영하던 사업을 폐업하게 되었습니다. 아버지가 사업을 하다가 망한 뒤 노동력을 잃고 병석에 누워계신 모습을 보며 '안정적으로 급여 생활을 하는 것이 낫다.'라고 생각하게 되었습니다.

창업이냐 구직이냐 두 가지 선택지 앞에서 끝없이 망설였습니다. 한 번 내린 결정은 온전히 제가 책임져야 했기에 심리적인 부담이 컸습니다.

그런데도 창업을 선택한 이유는 단 하나였습니다. 시대가 변하고 있고 평생 직업의 개념이 이미 무너진 지 오래되었기 때문입니다. 그렇게 생각을 고쳐먹자, 창업에 대한 두려움이 사라지기 시작했습니다.

공부방 창업을 목표로 정한 후, 가장 먼저 한 일은 관련 종사자들이 활동하는 커뮤니티에 가입한 것입니다. 그들의 창업 과정 및 운영 비법을 온라인 플랫폼을 통해서 배웠습니다.

자기 직무 분야의 전문성을 살리고 자기 경영 마인드를 기르기 위해서는 꾸준히 배우는 것에 투자해야 합니다. 배움은 사람의 삶의 질을 바꿀 수 있으니까요.

제 삶에 있어서 교육은 삶의 중요한 전환점이 되었습니다. 15년의 경력만 믿고 덜컥 공부방을 차렸다가 수많은 시행착오를 겪으면서 깨달은 것이 하나 있습니다. 강사가 강의를 아무리 잘하더라도 그 강의를 판매하는 것, 즉 마케팅 능력도 굉장히 중요하다는 사실입니다.

저는 학생을 모집하기 위해 블로그와 인스타를 시작했습니다. SNS를 통해 플랫폼을 활용하는 능력을 배우고 커뮤니티 가입을 통해 사람들과 교류했습니다.

N잡러: 꼭 필요한 SNS 활용 능력

저의 첫 번째 직업은 1인 공부방 원장이고, 두 번째 직업은 블로그 코치입니다. 학원 원장으로 살아가는 데 필요한 역량 중 하나가 SNS 활용 능력입니다. 학원 마케팅을 위해 다른 사람들보다 더 많은 시간을 투자해서 공부했습니다. 동시에 학원 마케팅 지식을 판매해서 '수익화가 가능하지 않을까?'라고 꿈꿨습니다. 그렇게 저는 두 번째 머니 파이프라인을 연결했습니다. 여기서 저의 꿈은 끝나지 않았습니다. 또 다른 꿈을 꾸기 위해 끊임없이 비즈니스 연결고리를 찾기 위해 노력했습니다.

학원 강사 생활 20년, 유명 출판사에서 나온 교재로 수업하면서 그것만으로는 늘 뭔가 부족했습니다. '나만의 교재를 만들면 얼마나 좋을까?'라는 꿈을 오래전부터 꿨습니다. 그 꿈에 한발 다가가기 위해 학원 전문

교재를 제작하기 위해서 팀을 꾸렸습니다. 2년에 걸쳐서 시도한 교재 제작은 여러 사람의 노력에도 불구하고 끝내 성공하지 못했습니다.

비록 교재 제작은 실패했지만 저는 '내가 더 잘할 수 있는 일은 무엇인가?'에 대해 생각해 봤습니다. 교재를 만드는 일이 아니더라도 경력에 도움이 되는 일을 찾고 싶다는 욕구가 생겼습니다.

N잡러: 직업을 살린 콘텐츠 생산자

교육 분야 종사자로서 경험을 살려서 '교육 콘텐츠를 만드는 것은 어떨까'라는 생각이 떠올랐습니다. 그때부터 저는 '교육 콘텐츠 마케터'를 꿈꿨습니다. 세 번째 도전 끝에 교재를 기획하고 마케팅하는 일을 맡게 되었습니다. 업무의 특성상 기본적으로 글쓰기와 마케팅이 동시에 가능해야 할 수 있는 일입니다. 학원 강사와 블로그 코치라는 두 가지 직업을 통해서 익힌 글쓰기 능력 마케팅 업무 능력을 활용할 수 있었습니다. 뒤늦게 시작한 일임에도 두려움 없이 시작할 수 있었던 이유는 대학 시절 했던 다양한 아르바이트를 하며 쌓은 경험 덕분입니다.

자신의 진로를 빠르게 찾고 그 일을 위한 공부와 다양한 경험을 쌓아서 해당 분야 직업 분야로 진출하는 게 가장 일반적인 방법의 직업 구하기일 것입니다. 제 경우는 그 반대였습니다. 어려운 가정형편과 가족의 생계를 책임져야 하는 부양 의무자는 하나의 직업만으로는 도저히 생활이 되지 않았습니다. 남들이 대학에서 학사와 석사를 다 마칠 기간에 저는 본업과 부업 등 두 가지 일을 해야 했습니다. 제 사정을 모르는 누군가는 왜 그렇게 열심히 사냐고 질문하기도 했습니다. 돌이켜 보면 열심히 살기 위해 일한 것이 아니고 살기 위해 일했을 뿐이었습니다.

어릴 적 부모님께 듣던 말씀 중 하나가 떠오릅니다. '우물을 파도 한 우물을 파라'는 말입니다. 우물을 조금 파다가 물이 나오지 않는다고 다시 우물을 파기 시작한다고 물이 나오는 것은 아니라는 뜻이죠. 어떤 일을 할 때 자꾸 바꿔서 하지 말고 그 일을 해낼 때까지 끈기 있게 도전하라는 말이기도 하고요. 그때는 이 말의 속뜻을 몰랐습니다.

지금은 알 것 같습니다. 누구나 살다 보면 하는 일이 힘들다고 포기하고 싶은 순간이 옵니다. 'N잡러'라고 크게 다르지 않습니다. 여러 가지 직업을 균형 있게 유지하기 위해서는 본업에 충실해야 합니다. 동시에 프로 N잡러가 되기 위해 본업 못지않게 주어진 일에 몰입해야 합니다.

N잡러: 힘들게 일하지 않고도 남들보다 더 법니다

많은 사람이 제게 물었습니다.

"도대체 하나의 일을 해내기에도 바쁜데 어떻게 그 많은 일을 해내는 건가요?"

저에게 N잡이란, 하나의 직업에서 또 다른 직업으로 자연스럽게 이어진 일이었습니다. 더 많은 일을 하기 위해 무리하지 않고도 다양한 일을 잘 할 수 있었습니다. 사람들이 가지고 있는 N잡러에 대한 오해 중 하나를 꼽으라면, 하루 24시간 중에서 일하는 시간이 더 많을 거로 생각한다는 것입니다. 사실 N잡러로 사는 삶의 진짜 매력은 적은 시간 투자로도 돈을 벌 수 있다는 것입니다.

세 번째 직업인 '교육 콘텐츠 마케터'는 당장 눈에 보이는 성취가 있는 일이 아니었습니다. 일하는 과정에서 스스로 성취감을 찾으려고 노력하며 느긋하게 결과를 기다린다면 지치지 않고 일할 수 있습니다.

오늘을 살아가는 '미래의 N잡러'에게 이런 말을 해주고 싶습니다. 가장 좋아하는 일과 가장 잘하는 일부터 찾아보라고요. 처음에는 그 일이 돈이 되거나 큰 비전이 보이지 않을 수도 있습니다. 대신 그 일을 하며 조금씩 자신을 성장시키려고 노력해야 합니다.

또 나보다 먼저 앞서간 선배들을 만나는 것도 좋습니다. 코로나 이후 전 세계인이 온라인으로 배우고자 하는 것을 내 방에서 저렴한 수업료만으로 배울 수 있으니까요.

'내가 무엇을 할 수 있겠어.'가 아니라 '나는 뭐든 할 수 있어.'라는 마음가짐으로 지금 당장 나만의 우물을 찾기를 바랍니다. 꿈을 꾸고 실행하는 것부터 시작하세요.

5

다양한 능력을 펼치며
살고 싶다면

N잡러 : 누가 가장 오래 매달리냐의 문제

어린 시절, 수업이 끝나면 철봉에 매달려 누가 더 오래 매달리는지 내기를 한 기억이 떠오릅니다. 다른 친구들이 철봉에 매달리는 모습을 보면 무척 쉬워 보였습니다. 저는 '몇 초 정도는 매달리겠지.' 하는 마음으로 도전했다가 제대로 창피를 당했습니다. 저녁밥을 먹고 혼자 학교 운동장에 가서 요령도 없이 그저 힘으로 매달리려고 발버둥 쳤습니다. 겨우 1초 정도 매달렸나 싶었을 때 또다시 제 몸은 땅바닥으로 곤두박질쳤습니다. 제 몸은 평소 운동을 하지 않아서 근력과 유연성이 부족했습니다. 매달리기 내기 이후 하루 운동량을 늘렸습니다.

몇 달 후, 혼자 몰래 운동장에 나가서 매달리기를 했습니다. 몇 초면 뚝 떨어졌던 저는 드디어 매달리기에 성공했습니다. 어떤 일을 누군가 쉽게 해내는 모습을 보더라도 그것이 거저 얻어지는 것이 아님을 알게 되었습니다.

학교생활부터 사회생활까지 저에게는 도무지 쉬운 일이 하나도 없었습니다. 중요한 일을 깜박하거나 주어진 일을 제대로 해내지 못해서 지적받는 일이 많았습니다. 저 스스로 실수를 인정하고 받아들이는 게 무척 어려웠습니다. 그때마다 자존감이 뚝 떨어지고 일에 능률은 오르지 않았습니다.

'대체 나는 뭐가 문제일까?'라고 스스로 되물었습니다. 어떤 사람은 의견을 모으고 협업할 때 기운이 나고 즐겁다고 했습니다. 제 경우는 혼자 계획하고 실행한 뒤 결과를 피드백하며 일하는 방식이 더 즐겁다는 사실을 깨달았습니다. 또, 다른 사람의 평가에 예민하게 반응하는 편이며 그게 일에도 영향을 미친다는 사실을요. 이런 점을 파악하고 나자, 선택할 수 있는 직업군의 폭이 한정되었습니다.

대학 때, 학원 강사로 일한 것도 그런 이유가 포함되어 있었습니다. 수업을 계획하고 연구해서 학생들을 가르치는 일이 매력적이라고 생각했습니다. 어른들의 대화보다는 아이들과의 대화가 더 즐거웠습니다. 분명 학원이라는 공간은 일터인데 아이들과 지내다 보면 놀이터에 온 것처럼 신이 났습니다. 학원 강사라는 직업은 저에게 천직이었습니다. 그 일 이

외에 다른 일을 할 거라고 꿈꿔본 적이 없었습니다. 결혼 생활 중에도 경력 단절이 두려워서 학원에서 근무했습니다. 하지만 아이를 양육하는 과정에서 도저히 밤늦게 끝나는 학원 일을 병행할 수는 없는 노릇이었습니다.

7년 뒤 저는 공부방을 창업했습니다. 학원 강사 일과는 달리 공부방 운영은 쉽지 않았습니다. 2년간 운영 끝에 운영상의 어려움으로 인해 폐업을 선택했습니다. 저는 폐업 직후 마음을 잡지 못해서 방황했습니다.

다시 한번 도전해 볼 용기조차 나지 않았습니다. 그렇게 한 달 정도 깊은 고민 끝에 '무엇이 나를 가로막는가'에 대해 생각했습니다. 한 번의 실패가 저에게 남긴 것은 두려움이었습니다. 도전을 가로막는 그 두려움 앞에서 든 생각은 이렇습니다.

N잡러: 열심을 다한다면 따라오는 것

'이미 한 번 망해 봤잖아! 뭘 망설이고 있어. 네가 더 잃을 게 있니? 그냥 가보는 거야!'

그렇게 저는 두 번째 창업으로 1인 교습소 운영을 시작했습니다. 매일 아침 10시부터 저녁 7시까지 회사원처럼 교습소로 출퇴근했습니다. 학생이 한 명도 없다는 사실에 낙담하지 않기 위해 자격증 공부를 했습니다. 무엇이든 열심히 한다면 반드시 보상은 따른다는 믿음 아래 묵묵히 그 시간을 버텨냈습니다.

그때부터 제 삶에서 놀라운 변화가 일어났습니다. 실패하더라도 뭐든 열심히 시도하는 삶으로 생각의 방향을 전환했기 때문입니다. 그렇게 만난 한 명의 씨앗 학생을 열심히 가르쳤습니다. 학생이 하나둘 모여들어 5.5평 교습소를 꽉 채울 수 있었습니다.

동종업계 종사자들과 만남을 통해 저처럼 교습소 운영과 홍보에 어려움을 느끼는 원장님이 생각보다 많다는 사실을 알게 되었습니다. 온라인 커뮤니티에 올린 제 글을 몇 천 명이 보았고 질문이 댓글로 달렸습니다. 또, 제가 부매니저로 활동 중인 온라인 커뮤니티 학원장 오픈 카톡방에서 원생 모으는 비법과 온라인 홍보에 대해 강의해 달라는 분들이 생겨났습니다. 온라인 수업이라고는 해 본 적도 없으면서 무턱대고 학원 마케팅 강의를 하겠다고 나선

이유는 저처럼 힘든 원장님들에게 제 경험을 나눠주고 싶었기 때문입니다.

지금까지 해왔던 것과는 전혀 다른 성인 대상, 그것도 학원장을 대상으로 강의는 무척 떨렸습니다. 그렇게 첫 강의를 시작으로 학원 마케팅에 대한 강의를 무료로 2년간 진행했습니다. 무료 강좌를 들은 분들이 강의가 아닌 블로그 코칭을 의뢰하기 시작했습니다. 그때부터 저의 강의는 무료강의에서 정당한 수업료를 받는 강의가 되었습니다.

지금은 〈브레인학원마케팅〉이라는 1인 기업을 창업하고 교육 및 기술 서비스업 분야로 전국에 계신 원장님들 대상으로 학원 블로그 코칭 수업을 하고 있습니다.

제대로 운영이 되지 않던 제 교습소를 살리려고 시작한 블로그였습니다. 지금은 그 블로그 강의가 또 다른 직업이 되어 교습소 운영만큼이나 저에게 중요한 일이 되었습니다.

N잡러: 세상의 다양한 문을 두드리는 일

블로그를 통해 다양한 사람들을 만날 수 있었던 게 저에게는 또 다른 성장의 동력이 되었습니다. 글을 쓰고 책을 한 권 내는 게 평생의 소원이었던 저는 그 꿈을 블로그로 이뤘습니다.

늦은 밤, 블로그에 올라온 글 중에서 눈에 띄는 소식이 보였습니다. 바로 우희경 작가님의 『스무살 리턴즈』라는 책 출간 소식이었습니다. 곧바로 네이버 검색을 통해 우희경 작가님의 블로그에 찾아갔습니다. 그 일을 계기로 현직 작가이자 책 쓰기 코칭 전문가인 우희경 작가님을 만날 수 있었습니다. 책을 한 번도 써 본 경험이 없는 저는 우희경 작가님을 통해 『1인 기업, 두 번째 커리어』를 공저하면서 저자의 삶까지 살게 되었습니다. 한 사람의 멘토를 만난다는 것은 또 다른 세상의 문을 여는 소중한 기회임을 깨달았습니다.

지금 여러분을 가로막는 벽은 무엇입니까? 저는 '실패에 대한 두려움'이었습니다. 제게는 실패해도 또다시 일어날 수 있는 비결이 하나 있습니다. 여러 번의 실패를 통해 버틴 '맷집' 덕분이었습니다. 자본력이 없더라도 재창업을 선택하고 적자인 상황에서 끝까지 버틸 수 있었던 것 비결은 스스로 자신을 믿어주었기에 가능했습니다.

사람은 타고는 능력은 개인마다 분명히 다를 수 있습니다. 누군가는 그 능력을 활용하며 살아갈 것이고 또 누군가는 자기 능력이 무엇인지 깨닫지 못하고 살아갈 것입니다. 남들과 다른 나만의 능력을 알고 싶다면 정말 하고 싶은 일을 만났을 때 망설이지 말고 도전해야 합니다.

어떤 일에 도전하고 나면 결과는 이미 제 손을 떠난 일입니다. 결과는 뜻대로 되지 않을 수 있기에 그저 해야 할 일을 '열심히 하자'는 마음으로 그 일을 해내는 것뿐입니다.

저는 N잡러가 되려고 생각하지 않았고 제게 주어진 일을 죽을 만큼 열심히 하자고만 생각했습니다. 어떤 일을 하더라도 노력을 다하면 한 번쯤은 기회가 오기 마련입니다. 그 기회를 온전히 자신의 것으로 만들기 위해서 늘 자기 자신을 단련하고 삶에 최선을 다해야 합니다.

모든 사람에게는 자신만이 가진 다양한 능력이 있습니다. 그 능력을 제대로 펼치며 살아가고 싶다면 N잡러에 제격입니다. 여러 가지 일을 한꺼번에 처리하는 프로 N잡러로 살아갈 수 있었던 비결은 결코 제가 다른 사람보다 업무 능력이 더 뛰어났기 때문이 아니었습니다. 포기하고 싶은 순간, 오래전 철봉 매달리기를 하던 그 시절의 저로 돌아가서 그 시간을 버텨내는 것. 열심히 살아내는 것. 그것만이 전부였습니다. 저처럼 오래 매달리기에 도전하고자 한다면 당신도 N잡러가 될 수 있습니다.

일의 수명에 대해 생각해 본 적 있으신가요? '과연 내가 이 일을 몇 살까지 할 수 있을까?', '앞으로 10년 뒤에 나는 지금 일을 하고 있을까?' 하고요. 일을 하면서 누구나 평생 일할 마음으로 시작하지만, 현실은 그렇지 못합니다. 신체나 건강상의 한계는 존재하고, 직업의 수명도 짧아졌습니다.

한 직장에 들어가 평생 일하고, 가족들을 부양하는 시대는 앞으로는 찾아보기 어려울지도 모릅니다. 반면 평균 수명은 높아져 100세 이상을 살아야 하는 지금의 3040 세대들은 고민이 말이 아닙니다. 설상가상 고공행진으로 오르는 물가는 떨어질 기미가 보이지 않습니다. 앞으로 양극화는 더 심해질 것이고, 직업에서도 마찬가지가 될 것입니다. 그러나 개인이 역량만 갖추고 있다면 직업의 확장은 다른 사람보다 훨씬 쉬워집니다.

반면, 내가 경쟁 사회에서 가치를 제공할 만한 실력을 갖추고 있지 않다면 현재 하는 일조차 몇 년 뒤에는 못 하게 될 상황에 부닥치게 됩니다. 냉정하게 들리겠지만, 그것이 우리가 처한 현실입니다.

일은 삶에서 큰 부분을 차지합니다. 하루의 일과를 정리해 보더라도, 일을 하는 시간이 가장 큰 비중을 두고 있을 겁니다. 일을 한다는 것은 그 자체로 살아가야 하는 '생계 책임'이라는 1차원적인 의미가 있습니다. 두 번째는 '자기 성장' 세 번째는 '자아실현' 단계까지 발전합니다. 그러나 일반적으로 생계를 뛰어넘어 자아실현을 위해 일을 하기는 쉬운 일은 아닙니다. 자아실현을 위해 뛰어들었던 일에서 생활비가 나오지 않는다면 또 일을 하는 동기부여를 받을 수 없기 때문입니다.

그러면 생계에 영향을 끼치지 않으면서 자기 성장을 넘어 자아실현까지 하고 싶다면 어떻게 해야 할까요? 이때 필요한 것이 N잡입니다. N잡으로 하고 싶었던 일을 도전하여 추가 수입을 마련한다면 생계에 영향을 끼치지 않고도 충분히 자아실현을 할 수 있는 일을 해 볼 만합니다. 그렇게 시작한 일은 적어도 내 실력과 가치를 인정받으면서 할 수 있어야 합니다. 그러면서도 나에게 부가적인 수입을 줄 수 있어야 합니다.

N잡을 가계 살림을 보태기 위해 시작을 하던, 자아실현을 위해 도전을 하든지 관계는 없습니다. 어찌 됐든 현실에 머무르지 않고 계속 다른 일을 찾으려 하거나 실행했다는 자체가 박수받을 만한 거니까요. N잡러의 보상으로 주어지는 것은 추가 수입원 창출과 직업의 확장을 통한 자아실현입니다. 사실 이런 결과를 떠나서라도 도전하는 자체만으로도 그 과정에서 많은 것을 배울 수 있습니다.

우선 시야가 넓어집니다. 하나의 직업에서만 얻었던 경험이 아닌, 여러 직업을 통해 만나는 사람과 환경을 통해 다양한 관점이 생깁니다. 또한, 나의 그릇이 커집니다. 내게 주어진 일을 처리하기에 급급한 삶보다, 내가 직업을 만들고 도전하는 과정에서 실수나 실패를 수용하는 관대함이 생깁니다. 작은 실패에도 마음이 무너졌다면, 큰 실패를 경험한다고 하더라도 다시 일어서서 나아가는 회복 탄력성도 커집니다.

따라서 N잡러로서 삶을 영위해 나간다는 것은 단점보다 장점이 더 많습니다. 나의 길을 개척하고, 그 과정에서 삶의 지혜를 배울 수 있기 때문입니다. 그에 대한 보상으로 한 달에 약 백만 원이라도 추가 수입을 얻을 수 있다면 그 또한 성취감을 줍니다.

N잡러를 하기로 마음먹었다면, 그 시작이 거창하지 않았으면 합니다. 자신이 있는 그 자리에서 할 수 있는 일을 찾아, 하나씩 실행하면 됩니다. 중간에 잘 풀리지 않더라도 또 실패를 극복하면서 수정하고 나아가면 충분합니다.

가장 중요한 것은 '도전한다'는 그 사실 자체입니다. 과정을 즐기며 앞으로 나아가다 보면 기회는 언제든지 오기 마련이니까요. 기회는 언제나 도전하는 사람에게 온다는 사실만 잊지 마세요. 그렇게 한 발씩만 앞으로 가다 보면 여러분은 이미 멋진 N잡러가 되어 있을 겁니다. 이제 여러분이 그다음 책의 주인공이 되어 보세요. 그날을 위해 저는 책과 강연으로 열심히 여러분을 응원하겠습니다.

2023.6.11. 우희경